中学班主任身心健康修炼

张文霞 编著

ZHONGXUEBANZHUREN
SHENXINJIANKANG
XIULIAN

吉林文史出版社

图书在版编目（CIP）数据

中学班主任身心健康修炼 / 张文霞编著．——长春：
吉林文史出版社，2012．4（2021.6重印）
（班主任必备丛书）
ISBN 978－7－5472－1034－5
Ⅰ．①中… Ⅱ．①张… Ⅲ．①中学－班主任－健康教育 Ⅳ．①G635.1
中国版本图书馆 CIP 数据核字（2012）第 072817 号

班主任必备丛书

中学班主任身心健康修炼

ZHONGXUE BANZHUREN SHENXINJIANKANGXIULIAN

编著/张文霞
责任编辑/高冰若
封面设计/小徐书装
出版发行/吉林文史出版社
地址/长春市福祉大路5788号
邮编/130118
网址/www. jlws. com. cn
印刷/三河市燕春印务有限公司
开本/710mm×1000mm 1/16
印张/14 **字数**/160 千字
版次/2013 年 1 月第 1 版 2021年 6 月第 3 次印刷
书号/ISBN 978－7－5472－1034－5
定价/39. 80 元

《教师继续教育用书》丛书编委会成员

目录

导论篇

身体篇

心理篇

健康状态的真面目

养有五道：修宫室，安床笫，节饮食，养体之道也；树五色，施五彩，列文章，养目之道也；正六律，和五声，杂八音，养耳之道也；熟五谷，烹六畜，和煎调，养口之道也；和颜色，说言语，敬进退，养志之道也。此五者，代进而厚用之，可谓善养矣。

——【秦】《吕氏春秋·孝行》

[案例导读]　回家后不堪压力选择自杀

遂宁市射洪县曹碑镇中学的考生王豪以优异的成绩考入北京师范大学管理学院，在小镇引起了轰动。四年后，他从北京师范大学毕业了，此后4个月忙于找工作，但不是他看不上眼，就是人家看不上他。王豪便回到了故乡，半年后，悲观失望的他在巨大的心理压力下，选择了自杀。这一举动令所有熟悉他的人均惋惜不已。曹碑镇中学任校长认为，王豪从小一帆风顺，缺乏应付逆境的能力，这是悲剧产生的一大原因。

启示／

王豪身体无缺陷，更无疾病可言，但他并不是一个健康的人。其生理是健康的，但其心理、社会适应方面不健康。他不能适应现实生活，因此，在遭遇挫折的时候，不堪压力选择了自杀。健康不仅仅是个体的一种需求，也是保证社会稳定的重要条件。社会是由人构成并通过个体发挥作用的，人是构成社会存在的先决条件。因此，社会必然要通过个人的健康来支持，以保证社会健康稳定地发展，这样维护和保证社会的健康也就成为每个人的责任和义务，所以，我们不仅要提高健康的社会地位，而且在价值取向上需要培养人们共同的社会健康观。因此，作为新世纪的中学班主

任更要在社会生活中有意识地培养自己的健康意识，提高活动效率和生活质量，促进个体身心和谐发展，形成健全的人格。

上面的案例令人震惊，也给了人们很大的启示。一个身体健康，没有缺陷，没有疾病的人并不代表他就是一个健康的人。健康对于我们每个人来说都很重要。所以我们应该揭开健康的面纱，看看健康状态的真面目。

掌握健康标准，学会自我诊断

传统的健康观认为“无病即健康”，现代人的健康观则完全不同。世界卫生组织提出“健康不仅是躯体没有疾病，还要具备心理健康、社会适应良好和有道德”。因此，现代人的健康是指一个人在身体、精神和社会等方面都处于良好的状态。健康是每个人的基本权利，是人生最宝贵的财富之一；健康是提高生活质量的基础；健康是奋斗事业的本钱；健康是生命存在的最佳状态；健康有着丰富深蕴的内涵。

[健康观的演变]

- **生物模式**

关于健康的观念，最早体现在一些词典中。在那里健康被简单地定义为“机体处于正常运作状态，没有疾病”。这是一种生物模式。那时我们确实是把疾病看成是机体受到干扰，导致功能下降，生活质量受到损害或早亡。这就是最早的健康观：“无病即健康”。

- 生物医学模式

在《辞海》中健康的概念是："人体各器官系统发育良好、功能正常、体质健壮、精力充沛并具有良好劳动效能的状态。通常用人体测量、体格检查和各种生理指标来衡量。"这种提法比"无病即健康"要完善些，但仍然是把人作为生物有机体来对待，因为它虽然提出了"劳动效能"这一概念，但仍未把人当做社会人来对待。对健康的这种认识，在生物医学模式时代被公认是正确的。

- 生物心理社会医学模式

一般大众关于健康的认识就是"机体处于正常运作状态，没有疾病"。这个概念，在当时是被广大群众所认可和接受的，其中包括医疗工作者。因为，在过去的很长一段时间内，我们对"心理和社会适应能力上的完好状态"处于无知的状态。直到改革开放后才开始重视心理和社会适应能力对健康的影响。《简明不列颠百科全书》1985年中文版关于健康和疾病的定义是："疾病是产生症状或体征的异常生理或心理状态，是人体在致病因素的影响下，器官组织的形态、功能偏离正常标准的状态。""健康是个体能长时期地适应环境的身体、情绪、精神及社交方面的能力。健康可用可测量的数值（如身高、体重、体温、脉搏、血压、视力等）来衡量，但其标准很难掌握。"这一概念虽然在定义中提到心理因素，但在测量和疾病分类方面没有具体内容。可以说这是从生物医学模式向生物、心理、社会医学模式过渡过程中的产物。一方面，这种转化尚缺乏足够的临床实践资料提供理论的概括；另一方面撰写者虽然接受了新的医学模式的思想，但难以作进一步的理论探讨。

事实上，要对此作出确切的定义很难。因为，即使没有明显的疾病，人对健康或不健康的感觉也具有很大的主观性。毫无疑问，觉得身体健康，不等于身体没有病。世界卫生组织关于健康的定义，把人的健康从生物学的意义，扩展到了精神和社会关系两个方面的健康状态，把人的身心、家庭和社会生活的健康状态均包括在内。

[现代健康的含义]

健康这一概念，最初是指身体健康，强调身体没有缺陷和疾病。“无病即健康”一直影响着人们对健康的认识。但是，随着科学技术的不断发展，生活水平的不断提高，人们发现，以前那些严重危及人类生命的疾病，已经能够得到有效的控制和治疗，与此同时，人类心理活动的许多特点，对于生命质量的影响却日益突出，各种心理问题和心理疾病出现的频率呈现出增长的趋势，它们对个体和社会发展逐渐构成了明显的威胁。于是，人们开始对健康概念重新加以认识，不再像传统那样只从医学的角度来看身体有没有病，一个人健康与否，除了身体健康外，还要看其心理是否健康，能否适应环境和生活。那么究竟什么是健康呢?

健康，是一个随着时代的推移，在社会和文化因素影响下不断演变的概念。即使在今天，对于健康还很难做明确的界定。1948年，世界卫生组织在其宣言中指出：“健康乃是一种在身体上、精神上和社会上的完善状态，而不仅仅是没有疾病和衰弱现象。”这个定义，不仅指出了心理社会方面在人的健康中的重要地位，而且明确地提出了健康的标准。换言之，健康不仅是不生病，而且是生理、心理、社会适应等几方面的健康。根据这个定义，我们就不难理解，为什么现实生活中不少人虽然没有疾病，但他们却有病感，或不能适应现实生活，因为他们可能在心理或社会适应方面不健康。人是生理和心理的统一体，心理健康是健康概念中不可分割的重要组成部分。1989年，世界卫生组织对健康又作了新的补充：认为健康应该包括躯体健康、心理健康、社会适应良好和道德健康。在其中增加了社会适应和道德健康的内容，从而使健康的内涵更为全面。由此可见，心理健康也是健康的主要内容之一。实质上，社会适应和道德健康都可归之于心理健康的范畴。所以，健康就包括身心两个方面内容。只有身体和心理都处于正常状态、没有疾病的人，才是健康的人。

身边的故事 /

某中学的班主任王老师，刚刚参加完学校组织的体检，身体各项指标均正常。星期一的第五节课是他们班的班会课，王老师想借此机会讲一下本班学生上一周的表现。可是刚讲了5分钟，他突然出现强烈的恐惧感，好像即将死去。这种紧张心情使他难以忍受。同时王老师感到心悸，好像心脏要跳出来；胸闷、胸前区有压迫感；呼吸困难；喉头堵塞，好像透不过气来；头晕、面部潮红、多汗、步态不稳、震颤、手脚麻木、胃肠不适，以及运动性不安，即将窒息死去。因此，王老师惊叫，跑出室外。这种情形可吓坏了学生。还好有反应快的同学，立即叫来医务室的医务人员，他们将王老师送到了医院。可是刚到医院门口，王老师居然好了，所有的症状都消失了，他自觉一切正常。

想一想 /

王老师是健康的吗？难道是学校的体检出现了错误？他到底患了什么病？

分 析 /

显然王老师的这种状态是不健康的。学校的体检也没有错误，因为王老师又到医院进行了一次全面的检查，没有发现任何病变。那么是什么原因导致王老师的这种状态呢？听取了医生的建议，王老师来到了心理诊室。结果经心理医生的诊断，确诊王老师是患了惊恐发作。原来不是身体的问题，而是心理的问题。看来身体健康不代表真健康，只有身心都健康才是真健康。

[健康的标准]

衡量健康的标准有十项：

- 处世乐观，态度积极，乐于承担任务，不挑剔；
- 良好的休息习惯，睡眠良好；

- 应变能力强，能适应各种环境变化；
- 对一般感冒和传染病有一定的抵抗力；
- 体重适当，体态均匀，身体各部位比例协调；
- 眼睛明亮，反应敏锐，眼睑不发炎；
- 牙齿洁白，无缺损，无疼痛感，牙龈正常，无蛀牙；
- 头发光洁，无头屑；
- 肌肤有光泽，有弹性，走路轻松，有活力；
- 足趾活动性好，足弓弹性好，肌肉平衡能力好，脚没有疼痛、没有拇外翻。

健康不仅仅是指没有疾病或病痛，而是一种身体上、精神上和社会上的完全良好状态。也就是说健康的人要有强壮的体魄和乐观向上的精神状态，并能与其所处的社会及自然环境保持协调的关系和良好的心理素质。

掌握上述健康标准，时时自测，以便尽早发现问题，及时解决问题，使自己处于良好的健康状态。除此之外，有关专家经过研究后，得出了一个健康公式："健康=情绪稳定+运动适量+饮食合理+科学的休息"这是分子；"疾病=懒惰+嗜烟+嗜酒"这是分母。公式中分子越大身体越健康，分母越大身体越差。所以，要想健康就需要增加分子减少分母。

扩展阅读 / 健康小常识 /

有些事情做到了，我们就会离健康更近；而有些事情要是做了，我们就会离健康更远。同样的有些东西吃了，就会有益健康；而有些东西吃了反而会有害健康。所以，为了健康，我们应该掌握一些健康常识，知道哪些事情该做，哪些事情不能做，哪些东西该吃，哪些东西不能吃。

- **应该做的事情**

＞ 一天须满足八小时睡眠，坚持午睡会减缓衰老。

＞ 晚上十点入睡，早上六点起床，有益健康。

＞ 打盹：学会在一切场合，如办公室、走廊、汽车里、打盹10分钟，这会令你精神振奋。

＞ 每天摄取均衡的饮食。

＞ 正确饮食习惯：早上吃的像皇帝，中午吃的像平民，晚上吃的像乞丐。

＞ 想象：通过想象一个你所喜爱的地方，如大海、高山等放松大脑。把你的思绪集中在所想象东西的“看、闻、听”上，并渐渐入境，由此达到精神放松。

＞ 按摩：紧闭双目，用自己的手指尖用力按摩前额和后脖颈处，有规律地向一定方向旋转，不要漫无目的地揉搓。

- **不宜做的事情**

＞ 不宜常吃宵夜，会得胃癌，因为胃得不到休息。

＞ 一天不要喝两杯以上的咖啡，喝太多易导致失眠、胃痛。

＞ 下午五点后，不宜吃大餐，因为五点后身体不需那么多能量。

＞ 晚上不宜多喝水。

＞ 每天喝酒不要超过一杯，因为酒精会抑制制造抗体的B细胞，增加细菌感染的机会。

＞ 服药后，不宜立即躺下。

＞ 睡前不宜喝茶：茶当中有许多生物碱，如咖啡碱、茶碱等物质，人体吸收后

对中枢神经系统有明显的兴奋作用，能消除疲劳，振奋精神. 所以睡前喝茶会导致失眠。

进行身体自测，及时发现问题

人的一生，难免有些毛病，然而很多人发现生病时常常已经很严重了，有的甚至失去了治愈的机会。其实大部分疾病在发作前都有一些告警信号，依据这些信号对照自己的身体状况，会对早期发现身体的疾病有一定的益处。所以，每个人都应该掌握一些测试身体健康的方法，以便及时发现问题，尽早治疗。

[测试身体健康的方法]

人体是否处于健康状态，有很多方法可以测试。下面就介绍一些方便并且易于掌握的方法。有了这些方法，相信您就可以时时测试自己的身体，掌握自己的健康。

- **测量方面**

＞ 体温

正常体温为36℃—37℃，高于此为发热，低于此称为“低体温”。后者常见于高龄体弱老人及长期营养不良患者，也可见于甲状腺机能减退症、休克疾病患者。所以家中应该备有体温计，以便随时测量。

＞ 血压

成年人血压不超过140/80mmHg。老年人随年龄的增长血压也相应上升，但收缩压超过160mmHg时，不论有无症状均应服药。如果家中没有血压计，也应该定期到医院进行测量。

> *脉搏*

成人脉搏每分钟60—100次，如发现过速、过缓、间歇强弱不定、快慢不等均为心脏不健康的表现。老年人心率一般较慢，但只要不低于每分钟55次就属正常范围。这个测量很简单，一块手表，自己给自己把脉就能掌握您的健康。

> *呼吸*

健康人呼吸平稳、规律，每分钟15次左右，如发现呼吸的深度、频率、节律异常，呼吸费力、有胸闷、憋气感受，则为不正常表现，应就医。老年人心肺功能减退，活动后可有心悸气短的表现，休息后很快就能恢复就不应认为是疾病的表现。除此之外，还可以单手握住一支点燃的蜡烛，然后将手臂伸直，尝试着用一口气将蜡烛吹灭。如果你无法将蜡烛吹灭，那说明你的呼吸比较短浅、呼吸效率不够高，体内细胞可能经常处于氧气供应不足的状态。

> *体重*

长期稳定的体重是健康的指标之一。短时间内的消瘦见于糖尿病、甲亢、癌症、胃、肠、肝疾患。更年期女性该胖不胖也往往算病。体重短期内增加很多可能与高血脂、糖尿病、甲状腺机能减退症等疾患有关。

- **测试方面**

> *血液循环*

以楼梯间的台阶为道具，完成上下台阶的动作，每分钟上下20次，连续做3分钟。然后休息30秒，再紧接着测量你的心跳数，记录下30秒钟时间内的心跳次数，就能知道你的血液循环状况是否够好、血液输送氧气的效率是否够高。如果您处于20—29岁，那么39—42次表明您的血液循环很出色；43—44次表明您的血液循环非常好；45—46次表明您的血液循环良好；47—52次表明您的血液循环一般；53—56次表明

您的血液循环不好血液输送氧气的效率低；57–66次表明您的血液循环不好血液输送氧气的效率非常低。如果您处于30–39岁，那么39–42次表明您的血液循环出色；43–45次表明您的血液循环非常好；46–47次表明您的血液循环良好；48–53次表明您的血液循环一般；54–56次表明您的血液循环不好血液输送氧气的效率低；57–66次表明您的血液循环不好血液输送氧气的效率非常低。如果您处于40–49岁，那么41–43次表明您的血液循环出色；44–45次表明您的血液循环非常好；46–47次表明您的血液循环良好；48–54次表明您的血液循环一般；55–57次表明您的血液循环不好血液输送氧气的效率低；58–67次表明您的血液循环不好血液输送氧气的效率非常低。如果您处于50岁以上，那么41–44次表明您的血液循环出色；45–47次表明您的血液循环非常好；48–49次表明您的血液循环良好；50–55次表明您的血液循环一般；56–58次表明您的血液循环不好血液输送氧气的效率低；59–67次表明您的血液循环不好血液输送氧气的效率非常低。

> 听力

让一位朋友站在距离你1米远的位置，背对着你和你聊天，如果你可以听清楚他说的话，就说明你的听力没有问题。这时可以再增加一点难度，把电视打开制造一些干扰，如果你仍然可以听清楚他说的话，就说明你的听力很好。但如果你在不开电视的情况下就已经听不清他在说什么，说明你的听力已经受到损伤，其中很大一部分原因在于你平时使用耳机的时候音量调得太大。

> 脊椎

保持平时的姿势站立，调整全身到放松状态，然后请人分别从你的左侧面和右侧面为你各拍一张侧身照。从照片上来看，你的头部应该与肩部在一条直线上，而不应该向前或向后倾斜。你的肩部也应该与耳朵在一条直线上。此外，你的背部下半部分也应该向内有一定的弧度，不过弧度不能过大。如果照片上的实际情况不符合以上标准，就说明你的站立姿势不良，这不仅会影响你的外观、气质，更会导致脊椎劳损，甚至会压迫神经，引起头晕、头痛、肩酸等一系列健康问题。除此之外，还可以通过平衡测试脊椎健康。双脚前后排列站成一条直线，用后一只脚的足尖抵住前一只脚的足跟，双手自然下垂放在身体两侧，然后闭上双眼，在心中默数10个数字。如果数数期间你的身体晃动了，就说明你的平衡性还不够好，需要加强平衡锻炼，否则在日常走路时，你就容易用力不均而损伤脚踝和膝盖，时间一长还会造成脊椎劳损。

> *骨盆*

坐在椅子上，将双脚踩在同一水平面上，观察自己的膝盖高度是否一致？然后仰躺在地板上，放松下肢，请朋友帮忙观察你的左右脚踝倾斜度是否一致？如果答案是否定的，就说明你的骨盆有一定程度的变形。其实大多数女人都会因为长期穿着高跟鞋或单肩背负过重的背包而导致骨盆轻微变形。

> *肺*

游泳或盆浴时，深吸一口气，将头埋进水里，屏住呼吸，再慢慢吐出，看能维持多久。如果在30秒以上，说明你的肺很健康；能达到1分钟，你的肺十分强壮；如果不够30秒，那你的肺就亮起红灯了。

- **观察方面**

> *饮食*

成年人每日食量不超过500克，老年人不超过350克。如出现多食多饮应考虑糖尿病、甲亢等病的存在。每日食量不足250克，食欲丧失达半个月以上，应检查是否有潜在的炎症、癌症。

> *排便*

健康人每日或隔日排便一次，为黄色成形软便。老年人尤其高龄老人，少吃、少动者可2~3天排便一次。只要排便顺利，大便不干，就不是便秘。大便颜色、性状、次

数异常可反映结肠病变。如果便中不含血、不太松散又不太硬，且排便时间有规律，能将体内垃圾迅速有效地排出体外，就说明你的饮食中有足够的纤维，消化系统也处于良好状态。

> *排尿*

成年人每日排尿1～2升左右，每隔2～4小时排尿一次，夜间排尿间隔不定。正常尿为淡黄色，透明状，少许泡沫。如尿色尿量异常、排尿过频、排尿困难或疼痛均为不正常表现，应就医。如果每日小便几次，且尿液呈淡黄色，不浑浊、色暗或者太黄，说明身体的水分充足，而且肾脏健康。如果尿液完全无色，可能意味着补水过多，或者身体流失了盐分以及电解质。除了尿液的颜色深浅变化外，还要注意气味，呈甜味或者怪味、颜色变红等应引起注意。

> *睡眠*

成年人每日睡眠6～8小时，老年人应加午睡。入睡困难、夜醒不眠、白天嗜睡打盹均为睡眠障碍的表现。偶尔睡眠不足或者失眠都是正常的，只要你的睡眠大体有规律而且没有盗汗或多次起夜如厕的情况，那么就基本符合良好睡眠的要求了，如果醒来时感觉精神不错，也是很好的健康信号。

> *脚*

脚上的学问很大，观察脚可以测试您的健康。正常的趾甲光滑、半透明、亮泽、略呈弧形，是健康的象征；脚趾红润饱满，有弹性，是健康的体现。如果发现您的趾甲变得不平，薄软，有纵沟，甚至剥落，说明人体营养不良；趾甲凹凸不平时，应检查一下肝肾有无慢性疾患；趾甲嵌入肉中或呈钩状，往往表示有多发性神经炎、神经衰弱或脉管炎等；趾甲苍白则为贫血；趾甲变得青紫，常有循环系统障碍；趾甲麻木为心血管疾病的表现；若大拇指经常肿胀，应该认真查一查，以排除糖尿病；右脚第二与第三趾间的鸡眼则表明右眼视力障碍；第二、三趾的脚底侧水肿往往伴有眼底病；第四趾侧苍白水肿者可有高血压和动脉硬化；右脚第五趾的跖骨关节部长有鸡眼，往往存在肩部损伤；脚背部趾关节部水肿常表示盆腔炎或胸膜炎；脚背的脚趾根部出现小白脂肪块为高血压的象征；脚背部出现隆起多患有泌尿系统结石，有凹陷则可能为肝硬化或肝癌；脚踝部水肿为心肾疾病的表现；内踝出现紫色斑点多见于妇科疾病。我们在观察脚测健康时，通常的情况之下，轻触脚部不会引起异常反应。若在触压脚部时出现酸、麻、胀痛等感觉时，也可推断身体患了某种疾病。如酸感多见于外伤；麻感多有皮肤疾患或血液病；胀感多为水肿；痛感与神经疾病有关；凉感则为风寒；木感可能有炎症；跳感为痉挛等等。脚部呈现异常现象，应据以为线索，以期早日发现有关疾病。有助于早日治疗，避免病情向恶性发展。

- **其他方面**

其他方面主要是精神。健康人精神饱满，行为敏捷，情感合理，无晕无痛；否则应检查是否有心脑血管和神经骨关节系统疾病。

这些测试方法很容易掌握。只要坚持测量，定期测试，细心观察，就一定可以掌握自己的身体健康。做到“我的身体我做主”。

身边的故事 ／

某中学班主任李老师，特别不愿意去医院，总是自我感觉身体良好而不看病。但是最近经常感到疲倦；忘性大；酒量突然下降，即使饮酒也不感到有滋味；体重突然变化大；突然觉得有衰老感；肩部和颈部发木发僵；经常头痛和胸闷；因为疲劳和苦闷而失眠；一天工作10小时以上，星期天也上班；一天吸烟30支以上；最近几年运动也不流汗；有一点小事也烦躁和生气；人际关系突然变坏，最近工作经常失误。

想一想 ／

李老师怎么了？他的身体是良好的状态吗？他该怎么办？

分析 ／

李老师属于过度疲劳危险者。他虽然自我感觉身体良好，不用看病，但是危险却无处不在。如果不及时发现，进行改变、干预的话，很容易引起猝死。所以，对于不愿意去医院的李老师来说，应该掌握一些身体自测的方法，及时进行测试，以便尽早发现问题，避免悲剧的发生。

[身体不健康的现象]

身体有些变化是易被忽视的，而一旦出现了这些变化，就预示着身体已经处于不健康的状态了。这些身体不健康的现象常见的有十种。

> 食欲不振，吃一点油腻或不易消化的食物，就感到上腹部闷胀不适，大便也没有规律。要小心是否得了胃肠疾病或肝胆疾病。

> 小便增多，常上厕所，晚上口渴。或小便频繁，尤其是夜尿增多，尿液滴沥不净。要小心是否得了糖尿病或前列腺疾病。

> 胃部不适，常有隐痛、反酸、嗳气等症状。要小心是否得了慢性胃溃疡或其他胃部疾病。

> 咳嗽痰多，时而痰中带有血丝。要小心是否得了支气管扩张、肺结核等肺部疾病。

> 脸部眼睑和下肢常浮肿，血压高，多伴有头痛，腰酸背痛。则可能是患了肾脏疾病。

> 酒量明显变小，稍喝几口便发困、不舒服，第2天还晕乎乎的。要小心是否得了肝脏疾病或动脉硬化。

> 上楼梯或斜坡时就气喘、心慌，经常感到胸闷、胸痛。要小心是否得了高血压、脑动脉硬化症。

> 早晨起来时关节发硬，并伴有刺痛，活动或按压关节时有疼痛感。要小心是否得了风湿性骨关节病。

> 变得健忘起来，有时反复做同一件事。要小心是否得了脑动脉硬化、脑梗塞等。

> 常为一点小事发火，焦躁不安，时常头晕。要小心是否得了高血压、脑动脉硬化症等疾病。

多注意这些身体不健康的现象，掌握测试身体健康方法，这样就能及时发现问题，尽早解决问题，实现身体真健康。

扩展阅读 */ 身体健康知多少——我问你答 /*

> 问：多大的东西对肺器官最有害？

A. 花生那么大，因为会有堵塞气管的可能　B. 烟草末一般大小

C. 能构成烟雾的成分一般大小　D. 非常微小，可能用普通光学显微镜都看不见

答：D，较小的颗粒会顺利通过气管中的摆动纤毛构建的“天然防线”，接着深入人体肺部，引发炎症及其他肺部问题。

> 问：过度打鼾说明什么？

A. 呼吸暂停　B. 咽喉有阻塞　C. 睡眠不足　D. 离婚迫在眉睫

答：B，打鼾是由于气体通道变窄引起的。事实上，鼾声是由于局部阻塞的气流运动产生波动引发，而不是由于顺畅的气流引起的。

> 问：下列哪项最可能让你得胃溃疡？

A. 你的老板（因为压力）　B. 你的厨师（因为糟糕的食物）

C. 你的爱人（因为亲吻）　D. 你自己（因为吃得太多）

答：C，引发大多数胃溃疡的病菌能够在许多人之间传递。

＞问：以下哪项关于关节的叙述是正确的？

A. 几乎所有的关节都是由两根骨头和之间的“铰链”构成的

B. 多数连接骨骼的“铰链”会由于人食用鱼油或坚果而更润滑

C. 关节全部由肌肉、肌腱、韧带、软骨、神经和骨骼组成

D. 办事需要先打通关节

答：B，鱼油和坚果能够有效减轻疼痛，对保持关节长期正常运作有效果。

＞问：下列哪项关于骨骼的叙述是正确的

A. 人到23岁时骨骼充分长成　B. 骨骼的基本结构复杂得如同埃菲尔铁塔

C. 女性骨骼会变脆弱，男性则不会　D. 骨骼是人体最坚硬的组织

答：B，确实如此，巴黎埃菲尔铁塔就是以人的骨骼为构思蓝本设计而成，因此才如此坚固。

＞问：下列哪项关于背痛的叙述是正确的？

A. 背痛源自骨盆肌肉　B. 当年纪增长，背痛会更常见

C. 戴上护腰会减轻背痛　D. 做骨盆和腹部的局部运动会很大程度地缓解背痛

答：D，就像处理大多数事情一样，只要事前或疼痛舒解后努力坚持，就能防止或缓解背痛。

请关注亚健康，远离疾病边缘

世界卫生组织认为：亚健康状态是健康与疾病之间的临界状态，是指非病非健康状态，各种仪器及检验结果为阴性，但人体有各种各样的不适感觉。这是一类次等健康状态，故又有“次健康”、“第三状态”、“中间状态”、“游离状态”、“灰色状态”等的称谓。这是新的医学理论、新概念，也是社会发展、科学与人类生活水平提高的产物，它与现代社会人们的不健康生活方式及所承受的社会压力不断增大有直接关系。

[亚健康的分类]

亚健康是个大概念，包含着前后衔接的几个阶段。

· 轻度心身失调

与健康紧紧相邻的可称作“轻度心身失调”，它常以疲劳、失眠、胃口差、情绪不稳定等为主症，但是这些失调容易恢复，恢复了则与健康人并无不同。它约占人群的25%~28%。

· “潜临床”状态

轻度心身失调若持续发展，可进入“潜临床”状态，此时，已呈现出发展成某些疾病的高危倾向，潜伏着向某病发展的高度可能。在人群中，处于这类状态的超过1/3，且在40岁以上的人群中比例陡增。他们的表现比较错综，可为慢性疲劳或持续的心身失调，包括前述的各种症状持续2个月以上，且常伴有慢性咽痛、反复感冒、精力不支等。也有专家将其错综的表现归纳为3种减退：活力减退、反应能力减退和适应能力减退。从临床检测来看，城市里的这类群体比较集中地表现为三高一低倾向，即存在着接近临界水平的高血脂、高血糖、高血黏度和免疫功能偏低。

· **“前临床”状态**

有至少超过10%的人介于潜临床和疾病之间，可称作“前临床”状态。“前临床”状态指已经有了病变，但症状还不明显或还没引起足够重视，或未求诊断，或即便医生作了检查，一时尚未查出。严格地说，最后一类已不属于亚健康，而是有病的不健康状态，只是有待于明确诊断而已。因此，扣除这部分人群，也有不少研究者认为亚健康者约占人口的60%。

国内外的研究表明，现代社会符合健康标准者也不过占人群总数的15%左右。有趣的是，人群中已被确诊为患病，属于不健康状态的也占15%左右。如果把健康和疾病看作是生命过程的两端的话，那么它就像一个两头尖的橄榄，中间凸出的一大块，正是处于健康与有病两者之间的过渡状态——亚健康。

[亚健康的常见症状]

亚健康是“自感不爽，检查无病”，介于健康与疾病之间的一种动态变化的中间状态，亚健康的表现多种多样，常见的症状可以归为三类。

· **生理的表现**

躯体疲劳乏力、易累、体力难以恢复；思想涣散；面部疼痛；视力下降；鼻塞眩晕；起立时眼前发黑；耳鸣；咽喉异物感；胃闷不适；颈肩僵硬；早晨起床有不快感；手足发凉；手掌发黏；便秘；手足麻木感；容易晕车；坐立不安；眼胀头昏；头晕脑胀，不易复原；久站头晕，眼花目眩；肢体酥软，力不从愿；体重减轻，体虚力弱；不易入眠，多梦易醒；自感低烧，夜常盗汗；晨不愿起，昼常打盹；口舌溃疡，反复发生；鼻塞流涕，咽喉疼痛；腰酸背痛，此起彼安；掌腋多汗，舌燥口干；味觉不灵，食欲不振；舌生白苔，口臭自生；易患感冒，唇起疱疹；反酸嗳气，消化不良；憋气气急，呼吸紧迫；耳鸣耳背，晕车晕船；胸痛胸闷，心区压感；便稀便秘，腹部饱胀；心悸心慌，心律不整；早上起床时，有持续的头发丝掉落；工作一小时后，就感到身体倦怠，胸闷气短；一日三餐，进餐甚少，排除天气因素，即使口味非常适合自己的菜，近来也经常如嚼干蜡；晚上经常睡不着觉，即使睡着了，又老是在做梦的状态中，睡眠质量很糟糕；体重有明显的下降趋势，早上起来，发现眼眶深陷，下巴突出；感觉免疫力在下降，春秋流感一来，自己首当其冲，难逃“流”运。

- **心理的表现**

认知和识别障碍；精神焦虑，紧张不安；注意力分散，思维肤浅；精力下降，动作迟缓；忧郁孤独，自卑郁闷；兴趣变淡，欲望骤减；感到情绪有些抑郁，会对着窗外发呆；工作情绪始终无法高涨，最令自己不解的是：无名的火气很大，但又没有精力发作；对城市的污染、噪声非常敏感，比常人更渴望清幽、宁静的山水；健忘多疑，熟人忘名；记忆力明显下降：在关键场合脑子会一瞬间空白，词不达意还抱怨别人不理解，忘记自己曾经非常熟悉的朋友的名字，经常下达前后矛盾的指示；昨天想好的某件事，今天怎么也记不起来了，而且近些天来，经常出现这种情况；遇事激动，无事自烦；反应迟钝：被动接受或拒绝接受新鲜的事物，身体的灵活性下降，判断能力受到影响，做任何事情会比以前慢一拍；烦躁不安：坐卧不安，站着累，坐着也不舒服，任何响动都会引起烦躁情绪，有与人吵架的冲动；强烈的妒忌心理：对谁都不服气，即使当面迫于环境勉强欢笑，背后会用最恶毒的语言发泄不满；抑郁：这是比较常见心理亚健康症状，若不加以重视进行调节或治疗，会对自己的存在价值产生怀疑，甚至最终把选择自杀作为摆脱困境的唯一办法；心神不定：焦虑万分，对任何以前很容易处理的问题现在都没有把握，眉头紧皱，若有所思，过度担忧，认为马上就大难临头了；恐惧心理：害怕和同事、朋友、亲人交流，更不用说陌生人，见到上司心跳加速，满脸通红，有些人用猛吃东西安慰自己，也有人用逃避的方式麻痹自己；强迫：比如有洁癖倾向，常常反复洗手，做一件事情之后会反复地确认很多遍，做某件事情必须

要按一定的程序来做，否则心里就会很不舒服等。

· **社会的表现**

社会不适应；工作学习困难；人际关系不协调；懒于交际，情绪低落；害怕走进办公室，觉得工作令人厌倦；不想面对同事和上司，有自闭症式的渴望；工作效率下降，上司已表达了对你的不满；盼望早早地逃离办公室，为的是能够回家，躺在床上休息片刻；不再像以前那样热衷于朋友的聚会，有种强打精神、勉强应酬的感觉。

[亚健康的识别方法]

由于亚健康状态是介于健康状态和疾病状态之间的一种游离状态，所以对于亚健康现在还没有明确的医学指标来诊断，因此易被人们所忽视。一般来说，处在高度紧张工作、学习状态的人应当特别注意失眠、乏力、无食欲、易疲劳、心悸、抵抗力差、易激怒、经常性感冒或口腔溃疡、便秘等等这些症状。如果您有这些症状，说明亚健康已向您发出警报了，应该多加注意。除此之外，我们应该掌握一些常见的识别亚健康的方法。

· **观察头发识别亚健康**

观察头发可以识别亚健康。观察一下头发，头发乌黑有光泽，说明健康状况良好；头发蓬松、枯黄提示营养状况特别是钙营养欠佳，或者有病。如果是头发蓬松枯黄的话，就要注意了。

· **观察舌苔识别亚健康**

观察舌苔可以识别亚健康。观看舌苔和舌质要张口，然后自然地将舌头伸出口外，伸舌不要过分紧张，以免引起舌颜色改变，但又要充分暴露舌体。先看舌苔，依次从舌尖、舌中及舌根两旁，再沿舌尖至舌边观察舌苔。一般说，正常的舌苔薄而均匀地分布在舌面，中央较厚。正常舌质的颜色呈淡红，不浅不深。如果舌质颜色发生改变，太红或太淡时提示有病，应及时请医生诊治。

- **照镜子识别亚健康**

照镜子可以识别亚健康。照镜子首先是观察一下自己的面色。有人比喻人的面色是健康的调色板，所以，观察面色对自我保健有着非常重要的意义。就一般而言，经过一个晚上休息，疲劳应该消除，精神充沛，面色红润，而且有光泽，说明健康状况良好。如果有面色晦暗，或者萎黄、口唇发紫、眼圈发黑等情况时，提示疲劳没有消除，亚健康已经发生，甚至是过劳或疾病已经来到。这时应尽快设法进行自我调节，适当减轻工作量，能缓办的事尽量缓办，适当增加休息时间和营养。

- **自我体会识别亚健康**

体会一下自我感觉，如果精神倦怠、周身乏力、注意力不易集中、写作时容易出错、头昏、目眩、耳鸣、牙龈浮肿、口苦无味、吃东西不香、甚至饭量减少等情况发生时，说明你疲劳没有消除，亚健康已经发生，甚至疾病已经出现。这时千万不能再勉强挺下去，更不能乱服兴奋剂、喝浓茶、饮咖啡，否则会像给疲惫的马匹加鞭一样，虽然可以强迫马儿暂时快跑几步，然而坚持不了多久，马儿就会衰竭倒地。

身边的故事 /

某中学班主任刘老师笑称：班主任是特殊材料制成的教师，班主任是世间最辛苦的主任。长期伏案工作导致腰酸背痛、肌肉劳损、眼睛疲劳等等。这还不算，事实上，班主任像夹心饼干中间的糖，看起来很甜，但左右受压。工作繁忙，压力大得难以想象，唯求休息和心理慰藉；但为了职称评定，班主任又必须不断向前。

想一想 /

在这样的情况下，班主任会不会处于亚健康状态呢？

分析 /

长期伏案工作导致腰酸背痛、肌肉劳损、眼睛疲劳等等，都属于亚健康的常见症状。处于亚健康状态的患者多是青壮年，年龄范围多在18至45岁之间，很明显，这个年龄段的人，长期处于紧张的环境压力中，就容易进入亚健康状态。而中学班主任，工作繁忙，压力大得难以想象，那么就更容易进入亚健康状态了。因此科学地自我调适和自我保护就显得很重要了。

[亚健康状态的调节]

不管何种原因引起的亚健康，不管哪种表现的亚健康，最主要、最本质的是人体自身免疫功能低下，提高自身免疫功能，就能远离亚健康。

- **运动处方**

> *静立性运动*

静立性运动如静坐冥想是缓解心理压力的有效方法，静坐冥想可引起松弛反应，特征是肌肉放松、焦虑减轻，紧张素的活跃程度下降。太极拳和瑜伽可以有效地消除大脑神经的紧张与疲劳，使疲劳得到恢复，情绪得到安定及神经系统处于平衡状态。

> *活动性运动*

活动性运动能益智健脑、促进思维。活动性运动是一种积极的休息方式；活动性运动能改善不良情绪。只有保持脑力和体力的适宜运动，才可以保持生命的健康，使生命更加丰富多彩。活动性运动形式很多，要因人因病而异，合理选择，掌握适度，贵在持之以恒。

> *有氧运动*

中等强度有氧运动可显著改善骨骼肌供血，肌组织毛细血管化增加，提高人体的免疫系统功能，改善人体的心理状况。中等强度的运动可以使免疫功能某些方面慢性或暂时性提高，能延缓衰老，从而增加了对肿瘤的抵抗，抑制肿瘤细胞的生长，运动量适宜的运动能降低上呼吸道感染的危险。

- **饮食调理**

如果有心病不安，惊悸少眠，可以多吃含钙、磷的食物。含钙多的饮食如大豆、牛奶（包括酸奶）、鲜橙、牡蛎。含磷多的如菠菜、栗子、葡萄、土豆、禽蛋类；如果有头胀头疼，可以嚼些花生、杏仁、腰果、核桃仁等干果，因为它们富含蛋白质、维生素B、钙、铁以及植物性脂肪；如果倦怠无力，可以多吃坚果，就是吃花生、瓜子、核桃、松子、榛子，香榧更好，它们对健脑、增强记忆力有很好的效果；如果神经敏感，适合吃蒸鱼，但要加点绿叶蔬菜，吃前先躺下休息一会儿，松弛紧张的情绪，也可以喝少量红葡萄酒，帮助肠胃蠕动；如果眼睛疲劳，可在午餐时食用鳗鱼，因为鳗鱼含有丰富的维生素A，另外，吃韭菜炒猪肝也有效；如果脾气不好，吃牛奶、酸奶、奶酪等乳制品以及小鱼干等，都含有极其丰富的钙质，有助于消除火气，吃芫荽，能消除内火；如果记忆不好，丢三落四，应补充维生素C及维生素A，增加饮食中的蔬菜、水果的数量，少吃肉类等酸性食物。富含维生素C及A的食物主要有：辣椒（新鲜的，绿色和红色都行）、鱼干、竹笋、胡萝卜、牛奶、红枣、田螺、卷心菜等，绿茶中也含有维生素A，每天喝一杯对改善记忆力也很有好处；如果心理压力过大，尽可能多摄取含维生素C的食物，如青花、菠菜、嫩油菜、芝麻、水果（柑、橘、橙、草莓、芒果）等。

- **良好的生活习惯**

> *戒烟限酒*

医学证明，吸烟时人体血管容易发生痉挛，局部器官血液供应减少，营养素和氧

气供给减少，尤其是呼吸道黏膜得不到氧气和养料供给，抗病能力也就随之下降。少酒有益健康，嗜酒、醉酒、酗酒会削减人体免疫功能，必须严格限制。

> 劳逸适度

劳逸适度是健康之母，人体生物钟正常运转是健康保证，而生物钟“错点”便是亚健康的开始。所以应该劳逸适度，不要经常熬夜，黑白颠倒。

> 经常锻炼

现代人热衷于都市生活忙于事业，身体锻炼的时间越来越少。加强自我运动可以提高人体对疾病的抵抗能力。所以应该抽出时间，坚持锻炼。

> 培养多种兴趣，保持精力旺盛

广泛的兴趣爱好，会使人受益无穷，不仅可以修身养性，而且能够辅助治疗一些心理疾病。

对于亚健康问题，不仅个人需要注意自我保健，社会各界都应给予一定的重视。只有这样，才能形成一个良好的氛围，最大限度地减少亚健康对家庭和社会造成的消极影响，以及对社会资源造成的负面作用。同时保障自己能有一个健康的身体。

扩展阅读 / 远离亚健康的“秘密” /

- **秘密之家庭篇**

> 每天早晨洗脸时，记得顺便将冷水轻轻吸入鼻腔进行清洗。这样可以一举两得——既刺激了鼻腔又打扫了卫生。鼻腔经过这样的每日一练，渐渐习惯了低温，再有冷空气入侵，也就见怪不怪，不会动不动就感冒了。

> 晚上回到家里，腰酸背痛得不行，赶快用一个纸杯盛满水，在冰箱里凝成冰，再沿杯口剪下约3—4寸，在痛处来回擦拭10分钟。这样可让你的痛楚肿胀减退消除。

> 边看电视边干刷皮肤，使用一把干的鬃毛刷或一个丝瓜络，在腿上，手上进行

轻轻摩擦，可刷至表皮呈粉红色。通过按摩皮肤，使表层老皮脱落，加快血液循环，刺激你的神经，活跃你的思维。

> 睡前冲热冷水交替浴，每次淋浴维持约30秒，最后一次是冷水。这样可令你绷紧了一天的神经松弛，让你晚上不至于辗转难眠。

> 浴后将削去皮的生土豆打碎，用干净的纱布包起来，敷在眼睛上，把双腿搁平，休息15分钟。这样可以消除眼睛浮肿和黑眼圈。

> 睡觉前伸个懒腰。一个缓慢的，舒适的懒腰对于即将上床休息的人来说是再好不过了，因为它松散，可以帮助你放松紧张的神经。

- **秘密之工作篇**

> 在头脑中酝酿一句能对你产生积极和强烈共鸣的名言警句，每天出发上班前，在头脑中将这句话回放5分钟。这会使你的心绪更积极向上，以更好的热情投入到工作中。

> 塞车时，别光顾着抱怨交通的糟糕状况，来进行呼吸放松吧。集中丹田位置，做4:7:8呼吸法：先呼气，再以鼻吸气，默数4下，闭气7下，再用口呼气，带出"咻"声，默数8下。只要你坚持经常偷闲片刻做这样的呼吸运动，就会发现你浮躁的心灵平静了，如果你失眠，肯定失眠的症状也会得到改善。

> 不要挤在狭窄憋气的电梯里，爬楼梯吧！每爬1分钟楼梯，你就会消耗6卡路里热量，即使你只住在4层楼上，一星期也至少能消耗120卡路里热量，1年就是5520卡路里，相当于你一年能少长1公斤脂肪呢。

> 到了办公室，深呼吸一下后，用手指尖顺着头发的方向用力在头部循环梳理一下头发。梳理头皮可清除你头部的紧张感，让头脑有清醒感，更好地投入工作。

> 工作一阵后，记得用力耸双肩，尽量贴近双耳，夹紧两臂，然后放松，这一动作可重复10次。通过使颈，背发力，刺激血液循环从而达到放松颈背的效果，以免你落下

腰酸背痛的毛病。

> 午间工休如果不能打盹，就抹点薄荷膏或嚼嚼口香糖。薄荷膏的味道能让你恢复精神气爽，只要闻上几秒钟，鼻子就会将嗅觉感受到的刺激传递到大脑，你的精神会顿时为之一振；嚼口香糖也有同样的作用，嗅觉和味觉都会感受到刺激，将此传递到大脑，同样会给你带来兴奋作用。

重视心理健康，实现真正健康

随着时代的发展，人们对心理健康在人的健康中的重要作用，认识越来越清晰，心理健康已成为现代文明人的一个重要标志。现代人不再仅仅满足于身体没病，更追求心理的健康。那么什么是心理的健康呢？

[心理健康的含义]

在1946年第三届国际心理卫生大会上，心理健康被定义为“在身体智能以及情感上与他人的心理不相矛盾的范围内，将个人心境发展成最佳的状态。”这个定义强调，如果一个人与其他人比较，符合同年龄阶段大多数人的心理发展水平，那么这个人的心理就是健康的，反之就是不健康的。从此以后，国内外学者对心理健康进行了许多论述，由于每位学者的兴趣和出发点不同，其定义也是各不相同。1948年世界卫生组织对心理健康的界定是：“人们在学习、生活和工作中的一种安宁平静的稳定状态。”迄今为止，心理健康还没有一个公认的定义。有人认为，心理健康是指个体能够充分发挥自己的最大潜能，能够妥善地处理和适应人与人之间、人与社会环境之间的相互关系；有人从个体的心理状态来认识心理健康，认为心理健康指个体在一般适应能力、自我满足能力、人际间各种角色的扮演，智慧能力，对他人的积极态度，创造性，自主性，成熟性，对自己有利的态度，情绪与动机的自我控制等方面达到正常或良好的水平……

我们认为，心理健康指一种生活适应良好的状态。包括两方面的含义：一是指心理健康状态，个体处于这种状态时，不仅自我情况良好，而且与社会和谐；二是指维持心理健康、减少待业问题和精神疾病。另外，心理健康还有狭义和广义之分。狭义的心理健康，主要目的在于预防心理障碍或行为问题；广义的心理健康，则是以促进人们心理调节、发展更大的心理效能为目标，即人们在环境中健康生活，保持并不断提高心理健康水平，从而更好地适应社会生活，有效地为社会和人类作出贡献。

[心理健康与生理健康的关系]

为什么人类会很早就重视心理健康，就是因为认识到心理健康与生理健康有着很重要的关系。心理精神是人类特有的素质，人类也因此号称为万物之灵。但这个心理精神也是容易出问题的，并由此拖累了身体健康。喜、怒、忧、思、悲、恐、惊，其中任何一种表现过度，就会造成身体的不适。现代医学研究发现，人体的防病、抗病能力与心理的稳定性有着非常密切的关系。如悲观者看问题总是从坏的方面着眼，心理学上叫弊导思维，这种思维方式易引起人的愤怒、抑郁、焦虑和失望。轻松、愉快的心情可以增强免疫力，预防疾病的发生或扩散，甚至还能延长绝症患者的寿命；相反，抑郁、紧张的心情则会破坏机体的免疫力。现代医学认为："在一切对人不利的影响当中，最使人短命灭亡的，是不好的情绪和恶劣的心境。"

身边的故事 /

某中学班主任周老师，男，52岁，过去曾接受医师的治疗，并诊断患有胃溃疡。然而周老师的医师相信他在诊疗上的抱怨来自情绪制约的结果。周老师在家里感受到压力。他离婚

已有十年之久，并于三年前再婚。第二任妻子比他年轻18岁，他感受到妻子对他目前收入有所不满，而他也害怕自己的婚姻又将面临结束。他试图办班补课，来改善经济状况。并常自己开胃溃疡的治疗处方服用。他朋友不多，没有什么消遣，也难用口语表达他的感受。

想一想 ／

周老师真的是简单的生理疾病么?

分析 ／

周老师的状况属于心身疾病，主要是心理因素影响躯体症状。若要彻底根治，必须解决心理问题。

[心理健康的标准]

关于心理健康的界定，在当前学术界仍是一个争议纷纷的问题，心理健康的标准是什么是一个复杂的问题，因为在心理健康和不健康之间并不存在一个绝对的界限，不像躯体的生理活动如体温、脉搏、血压、肝功能等那样明显，通过检查就可以知道。判断心理健康与不健康是相当困难的，因为它没有一个公认的、一致的标准。国内外的学者由于每人所处的社会文化背景不同，研究问题的立场和观点不同，研究方法也各不相同，所以，对心理健康的标准也有着各自的见解。随着社会的发展和进步，人类对心理健康的认识也在不断地深化和提高，在不同时代，不同学者从自己的学术研究领域出发，积极探索，提出了各自不同的标准。

- **世界卫生组织的心理健康标准**

> 具备健康心理的人，人格是完整的、自我感觉是良好的、情绪是稳定的，积极的情绪多于消极的情绪，并有较好的自我控制能力，能保持心理上的平衡。

> 有比较充分的安全感，一个人在自己所处的环境中，能保持正常的人际关系，

能受到别人的欢迎和信任。

> 健康的人对未来有明确的生活目标，切合实际地，不断地进取，有理想和事业上的追求。

· **医学界公认的心理健康的十大标准**

郭念锋于1986年在《临床心理学概论》一书中提出评估心理健康水平的十个标准，是目前医学界公认的心理健康的十大标准。

> 心理活动强度

是指对于突然的强大的精神刺激的抵抗能力。在遭遇精神打击时，不同的人往往有不同的反应，心理健康水平低的人往往反应强烈并容易留下后遗症，甚至可以因为一次精神刺激而导致反应性精神病或癔病；反之，虽有反应，但不强烈，不会致病。心理活动强度主要与个人的认识水平有关，另外个人的生活经验、固有的性格特征、当时所处的环境条件以及神经系统影响，也会影响到这种抵抗力。

> 心理活动耐受力

指长期经受慢性的、持续的精神刺激的能力。耐受力差的人往往在这种慢性精神折磨下出现心理异常：个性改变，精神不振，甚至产生严重躯体疾病。而心理健康水平高的人则不会。

> 周期节律性

人的心理活动在形式和效率上虽各不相同，但都有着自己内在的节律性。如果一个人的心理活动的固有节律经常处在紊乱状态，不管是什么原因造成的，我们都可以说他的心理健康水平降低了。

> 意识水平

意识水平的高低，往往以注意力水平的好坏为客观指标。如果一个人不能专注于某种工作，不能专注于思考问题，思想经常开小差或因注意力分散而出现工作上的

差错，我们就要警惕他的心理健康问题了。

> 暗示性

易受暗示的人，往往容易被外界环境的无关因素引起情绪的波动和思维的动摇，有时表现为意志力薄弱。他们的情绪和思维很容易随环境变化，给精神活动带来不太稳定的特点。虽然暗示性在每个人身上都多少存在着，但是如果受暗示性程度较高者，可认为存在心理不健康因素。

> 康复能力

人在经历了精神创伤后，由于人们的认知水平和经历不同，从创伤中恢复的时间和程度也有所不同，这种从创伤中恢复到往常水平的能力，称为心理康复能力。心理健康的人，康复能力自然很强，心理康复能力差，就会在历经创伤后，表现出一蹶不振，并在心中留下难以磨灭的阴影。

> 心理自控能力

情绪的强度、情感的表达、思维、方向和思维过程都是在人的自觉控制下实现的。当一个人身心十分健康时，他的心理活动就会十分自如，情感表达恰如其分；而心理自控能力较差的人，往往就会因为心理活动的表达不当而表现出“失态”。

> 自信心

当一个人面对某种生活事件或工作任务时，首先估计的是自己的应对能力，这就是我们通常所说的“自信心”，它实际上是一种正确自我认知的能力。自信心过高或过低都是不好的，因此，一个人是否有恰如其分的自信，是精神健康的一个标准。如果一个人不能正确地认识自己，并且不能在生活实践中不断地修正自我的认知，我们可以说，这个人的心理健康水平是不够的。

> 社会交往

人类的精神活动得以产生和维持，其重要的支柱是充分的社会交往。社会交往的剥夺，必然导致精神崩溃，出现种种异常心理。因此，一个人是否能与人正常交往，也标志着一个人的心理健康水平。

> *环境适应能力*

人类生活的环境条件是不断变化的，有时会遇到很恶劣的环境，有时，会遇见很美好的环境。这就需要采取主动性或被动性措施，使自身与环境达到新的平衡，这个过程称为“适应”。一个人是否能很快采取各种措施去适应，并以此保持心理平衡，往往标志着一个人心理活动的健康水平。

以上的心理健康标准可以作为大家的一个参考，但我们在谈到心理健康时应该明白一点：心理健康是一个文化的、发展的概念。不同时期心理健康的标准会因社会文化的标准不同而不同。心理健康标准取决于当时社会化对心理健康各特征的价值观。也可以说，心理健康是一个变化和发展着的概念，追求心理健康是无止境的，到了一个层次之后会追求更高层次，以充分发挥自身潜能，达到自我实现。

扩展阅读／ *心理健康的理想状态　／*

现代社会的生活工作节奏日益加快，很多人都感到心理不堪重负。只有具备健康的心理，才能迎接生活和工作中的各种挑战。那么，怎么才能算心理健康呢？

心理健康要求内外兼顾，行为既符合外界的规范，又能满足自己的心理需要，这才是心理健康人的特征。只有行为符合外界的规范，又能满足自己的心理需要，才是一个正常的心理健康人。现在社会上有两种人心理内外失调：一种人只顾自己需要的满足，不顾社会规范；这种人一般具有反社会的人格，许多犯罪分子就是如此。另一种人千方百计让自己的行为符合社会规范，但因为自身的心理需要没有得到满足，所以又很烦恼。

心理健康说到底是一种人生态度。心理健康的人，以积极的眼光看待世界，看待周围事物。这种人富有利他精神，能在付出、伸展自己的过程中增强自我价值感。这种人追求高尚的生活目标，但他又没有沉湎于“完人”、“超人”等超越其自身能力的念头。所以，一

个心理健康的人，有目标，但目标并非苛求完美，既要积极进取，又要正视客观现实，有一定程度弹性的道德准则。

另外，心理健康与心理平衡并不完全是一回事。现在倾向于将清除过度的紧张不安而达到内部平衡状态称作“消极的”或“低层次”的心理健康，我们应该更提倡的是“积极的”或“高层次”的心理健康。这种状态意味着总有高尚的目标追求，能发展建设性的人际关系，从事具有社会价值的创造，追求高层次需要的满足，寻求生活的充实。它的实质就是始终有追求，始终是一个平衡——不平衡——平衡的过程。

心理健康是一个动态过程，它不是说没有遭受挫折，没有冲突，没有痛苦，而是能够有效地进行调整，并在这种状态下，保持良好的效率。

需要关注的中学班主任

班主任，首先应该是一个自我的心理班主任！要善于自我诊断、自我调节、自我保健、自我激励、自我积极心理暗示，充分挖掘自己的潜能。

——（美国）著名教育心理学家　林格伦

［案例导读］　班主任工作现状调查：事无巨细　疲倦而压抑[1]

班主任，一个特殊的群体，既要关心学生的学习状况，又要进行有效的班集体管理，还要了解每个学生的身体、心理和思想状况。随着新学期的到来，有学校出现班主任告急，"不是没有人当，是没有人愿意当了"。

如果可以选择都不愿做班主任 /

"负责早读、早操还有所有检查，我们的工作量是其他教师的两倍。"今年开始担任班主任的何婉说，当了班主任后，她每天从6:30忙到晚上9:20，"一刻没停过。"她感受到前所未有的工作压力，前段时间几次向学校申请辞去班主任一职，结果校长不批。

"没有人想当班主任，年纪大的老师更不愿意当。"她指着贴在办公室墙上的班主任工作考核表，"我们每天都要做这些工作，每周的工作安排得满满的。现在的学生太调皮了。"

提起当班主任的感受，何婉所在的高中部办公室里，当班主任的都有说不完的

[1]　zxbzr．班主任工作现状调查：事无巨细　疲倦而压抑．http://zxbzr.com/Article/ShowArticle.asp?ArticleID=4147

感慨和吐不完的苦水。大部分的想法是，如果可以选择都不愿揽这个任务。同事吴泽，在近10年的教师生涯中，有7年是当班主任的，用他的话说，现在学校选出来班主任标准就是，只要你能像牛一样做事，能吃苦就行。现在学校任命班主任，都会首先从新老师中选择。然而，据有关老师透露，这些年里，由于顶不住当班主任的压力，有些老师已离开另谋高就。

压力大 事无大小都需关心 ／

为何没有老师愿意担任班主任一职？大部分因为工作量太大。而这些工作量"主要源于调皮学生以及不讲理的家长"，导致"得不到尊重"以及"学生的思想工作要做很久"。而这种现象在镇、村中学尤其明显。

就在教师节当天，何婉发现班上一个男同学逃课了，第一时间打电话向家长了解情况。结果家长给她的回答是："我每个学期交了1000多学费给学校，做班主任的应该教育好我的儿子。他爬墙出去了，你给我找回来。"面对着家长的质问和要求，她顿时很无奈。

对此，开平市港口中学初二的班主任陈枚也有相同的感受。她说，工作两年发现，调皮或不听管教的学生中，有大部分是来自重组家庭或单亲家庭，还有些学生的父母本身受教育程度不高，不怎么管，再有一部分就是父母不在身边，跟着老人住没人管的。陈枚表示对于这样的学生学校有责任管，但同时也需要家长的配合。

上周六的午饭前，陈枚拨通了学生电话，一点点地询问，"昨天去哪了，为什么不回家吃饭……晚上是和谁去吃宵夜了？"挂了电话后，她说，盯得紧是因为那是一个比较特殊的学生，跟着继母生活，性格叛逆。曾经跟上一任班主任吵闹，最后一气之下放学后偷了那位老师的摩托车头盔扔到街上去。这个学期开始，其继母找到了陈枚，希望她帮忙管教这个儿子。因此，她天天"问候"他。

上述班主任工作的现状调查向我们呈现了班主任的工作是一项压力大、任务重、责任大的特殊工作。正是因为班主任从事的工作特殊，所以才会给班主任带来健康的隐患。也正是因为这样，中学班主任才更应该得到关注。

从事特殊工作，带来健康隐患

班主任不仅承担着教学任务，还要全面负责、主持班级的各项工作，对班级学生的德、智、体、美、劳全面发展负有重要责任。同时，班主任工作是细致具体的。它直接关系到学校教育计划的实施，教育质量的提高和一代新人的成长。班主任工作是一项极其重要的工作，是学校最基础的工作，关系着学校和学生的发展，影响着一个班级团队的成长，影响着每一个学生的成长，影响着学生一生的幸福。既然班主任工作如此重要，那么担当此重任的班主任应该是什么样呢？

[理想的班主任]

理想的班主任应该是一个教育型的管理者、学生的平等对话者、学习者、学习指导者、家庭教育指导者和心理工作者。

- **班主任应该是一个教育型的管理者**

“管理”包括计划、组织、指挥、控制和协调等职能。作为班主任要拟订班级工作计划，组织班级一切活动，要指挥和引导学生，要协调各科教师之间、学生之间、老师或学校与家长之间的关系。由此可见，班主任是管理者。但班主任作为管理者，与工厂、军队、公司、机关的管理者不同。班主任面对的不是成年人，而是少年儿童，是一个受教育者，应该教育为重，管理为轻。因此，班主任是“教育型的管理者”。管理的目的不是为了使学生就范，而是使他们健康成长。

· 班主任应该是一个学生的平等对话者

这是从师生关系的角度切入的，这是把学生视为现实的、活生生的人，真正体现了“以学生为本”的教育理念。这就要求班主任要真正平等地对待每一个学生，包括问题学生，真正蹲下来和学生零距离接触，和学生坦诚对话。做学生的平等对话者，需要班主任有平等的意识、学习和探究的心态、真正开放的现代人心态。

· 班主任应该是一个学习者

当今社会已经进入了一个知识迅速更新、技术频繁换代、信息几近爆炸的时代。在这样一个时代，学习就不仅仅是一种观念、一种态度，更是一种需要。班主任更需要学习。班主任对学习不感兴趣，怎么能够培养学生的学习兴趣呢？教师不读书，怎么能够让学生读书呢？

· 班主任应该是一个学习指导者

班主任作为学生学习的指导者，应该从思想到行动、从精神到方法给予学生科学的指导，变“要我学”为“我要学”，变“勤学”为“会学”。因此，指导学生学会学习应该是班主任工作的重要内容之一。

· 班主任应该是一个家庭教育指导者

从传统上看，家庭教育是家长的事。然而现在随着社会经济的发展和进步，家庭教育明显滞后：独生子女的家庭结构很容易带来孩子的个性问题、社会化障碍、非智力因素的欠缺；家庭富裕程度的提高很容易腐蚀孩子，造成他们畸形的消费观和幸福观；传媒发达和信息爆炸很容易促使孩子畸形早熟，使他们注意力分散，无法认真学习；社会的开放和宽松的环境势必使今日学生的个性彰显；沉重的就业压力和激烈的竞争提升了家长对孩子的期望值，学校之间的竞赛又迫使学校不断向家长施压，孩子和家长都受到了史无前例的压力。在此情况下，需要对家庭教育进行指导。谁来指导？自然又是班主任！

· **班主任应该是一个心理工作者**

这是一个非常高的要求。随着社会的不断变化和发展，学生的心理问题日渐突出，随着教育改革的不断深入，学生的心理健康问题越来越得到高度的关注，但心理教育人才或心理工作者的短缺，致使班主任不得不临时客串这个角色。对于这个全新的角色，班主任是很不熟悉的，仅凭师范院校里学的那么一点心理学方面的知识就想客串这个角色显然只能是应付，而根本解决不了任何问题。

班主任同时扮演这么多角色，其角色负荷是十分沉重的。难怪有的心理学家说，班主任的角色是"弥漫性"的。也就是说，他们要认同的角色之多，简直没有界限，其他哪种职业也没有这么多的角色期待。这也就是班主任活得很累、教师往往不愿当班主任的重要原因。

身边的故事 ／

在中学班主任老师身上有很多下面这样的故事：

镜头一：我家访经常回来很晚，孩子常常是没等我回家就早已睡去了，一天当孩子半夜醒来，我喂她退烧药时，她说什么也不吃，却哭着说："妈妈，人家都说你是好老师可我说你不是好妈妈，我有病发烧你都不管，还回来这么晚。"

镜头二：我经常忘记接孩子，前年深冬的一天，我在学校为几个后进生补习功课忘记了接女儿，六点多钟我校的校长在回家的路上碰到了我边走边哭的女儿，将她送回了学校，那天还下着大雪，看到女儿冻得哆哆嗦嗦的样子，我将女儿紧紧地搂在怀里，我再也控制不住自己哭了，一句话也说不出来。

镜头三：前年冬天，一个周日的下午，我将女儿送到邻居家，骑上自行车往返在家访的路上，由于我平时无时间照顾女儿，孩子的身体虚弱，在邻居家中突然休克摔倒，将眉毛上面挫伤，缝了七针，孩子的父亲、爷爷、亲属们埋怨我，同志们看到了心疼，我自己也不知道流了多少泪水。

想一想 /

理想的班主任应该是什么样？做好班主任与做好妈妈发生冲突该怎么办？

分析 /

理想的班主任应该是一个教育型的管理者、学生的平等对话者、学习者、学习指导者、家庭教育指导者和心理工作者。正是因为理想的班主任需要承担这么多的角色，才会出现故事中的若干镜头。照顾到了学生，就没有时间照顾到自己的孩子，很多优秀的班主任都不是称职的妈妈或爸爸。那么，该怎么办？是不是就不能两全其美呢？答案是完全可以兼顾到。这就需要班主任们修炼身心，学习一些应对技巧，缓解压力，合理安排时间，这样就能做到家庭事业两不误。既做好班主任又做好妈妈。

[中学班主任工作的特殊性]

中学班主任的工作之所以特殊，是由其工作的对象、手段和产品的特殊性决定的。这种种的特殊性决定了中学班主任工作的复杂性、紧张性和时空无限性的特点。

- **复杂性**

中学班主任工作的复杂性表现为中学班主任需要运用多方面的知识、能力、投入更多的时间，消耗更多的精力来从事教书育人的工作。导致中学班主任工作具有复杂性特点的原因，主要有以下几个方面：

> 中学班主任的工作对象是复杂的

这种复杂性可以从两个方面来谈：一方面，中学班主任工作的对象是中学生，而中学阶段，是人一生中最关键而又有特色的时期，是人一生中黄金时代的开端。中学生朝气蓬勃，风华正茂，在各方面都表现出积极向上的趋势。在整个中学阶段，中学生的心理表现出种种特点。也正是由于多方面的心理特点，在中学生身上才会产生这样那样的问题。作为中学班主任，一定要掌握中学生的这些心理特点，然后才能对症下药。另一方面，中学生也是具有个别差异的。学生来自四面八方、千家万户，每个学生都具有独特的意识、情感、意志、学识与品行。虽然班级教学制度可以对学生的差异作一定的调整、缩小学生之间的差异，但即使这样，学生之间个性、能力等方面的差异仍是不可避免的。因此对他们的再生产不可能像物质产品那样，按固定的工艺流程、统一的型号、用一个模子来铸造。而教育教学工作又是具有明确目的、统一标准的工作。这就要求班主任既要按照统一的标准来培养学生，又要注意学生的个别差异，提出切合学生实际的不同要求，采用有针对性的不同方法，区别对待，因材施教。同时，学校、教师又不是学生的唯一教育者。影响学生成长的因素是多方面的。学生天赋及身体条件的差异、家庭与所处具体社会环境的不同，原有的兴趣、习惯、能力的区别，以及与教师和班集体的关系等，都对学生的成长发挥着影响。学生带着家庭、社会的各种影响来到学校，有的影响是有利的因素，有的影响则相反。面对这种复杂的情况，班主任若没有足够的聪明才智，不经过艰苦细致的工作，不付出艰苦的工作，就无法搞好教育教学工作。

> 中学班主任的职责是多方面的

教育是一项复杂而艰辛的劳动，不单纯就是备课、上课、批改作业等技术性劳动，它还包括更重要的教育管理学生的重任。做班主任很苦很累，工作压力大、任务繁重，每天起早贪黑、忙忙碌碌，既要上课，又要教育和管理学生；既要协调科任教师关系，还要与家长沟通；既要关心学生的学习成绩，还要关注学生的品行，更需时刻把学生的安全挂在心头，在学校中与学生有关的事情都要找班主任，都得由班主任来解决，真是操不完的心。更重要的是把学生教好，即使每个学生在德、智、体、美、劳诸方面都得到统一、充分的发展，成为和谐发展的人。这一职责要求班主任既要教书，又要育人；既要传授知识，又要发展学生的智力、能力、体力与品德；既要使

学生在毕业后能承受社会生产力的发展提出的要求与自然作斗争，又要使他们适应现有的社会关系，适应社会生活。这些复杂繁重的职责，要求班主任必须通过艰苦细致的工作去履行。同时，班主任加工的产品，具有其他工作产品无法比拟的社会价值。这种产品是社会的主体，对社会的作用面之广、影响之深，是社会上其他任何一种工作产品无法相提并论的。这就要求班主任对自己的工作对象必须高度负责、精益求精。工业工作可以抛弃不合格的产品，农业工作可以拔掉病苗，而班主任对待自己的工作对象，既不能“简单淘汰”，也不能“回炉重造”。对于“毛病”众多的对象，不但不能简单抛弃，相反更需要班主任加倍地精心培育，以百倍的热情和耐力认真地加以矫正，努力做到不让一个“不合格产品”流向社会。若对这些学生采取简单的逐出校门的措施，其结果很有可能不仅毁了他们的一生，而且还会给社会带来严重的危害。

> *中学班主任工作的过程是复杂的*

班主任工作的过程，是一个运用智力的过程，是一种综合使用、消化、传递、发现科学知识与技能的脑力与体力工作相统一的过程。班主任应该用心、用情、用法、用力去工作。在班主任的工作中，知识信息的传递和转换是工作的主要手段。传递和转换就是使社会所要求的以知识形态表现出来的精神财富，成为学生个人的财富。这就要求班主任必须先消化知识，领会、把握知识，然后采用易于为学生接受的方式，将这些知识转化为学生的财富。理解、消化知识对班主任来说，一般不是什么难事，难就难在“转化”上。因为学生作为班主任工作的对象，他们不仅是受教育的客体、对象，而且可以通过班主任的教育和学生的自我教育成为教育的主体。他们时刻在吸收着各方面的信息。这些信息对于学生各方面的发展都有一定的影响。这就要求班主任不仅要从学生的年龄特征出发实施教育，而且还必须从学生的现有发展水平出发实施教育。而现有发展水平又时常因学生的主观努力等而变化。这就使得班主任的“转化”往往显得不容易，就需要班主任不仅付出体力的代价，更要付出脑力的代价，以此促进这一“转化”。班主任的工作融体力、脑力于一体，既要消化知识，又要把握传递知识的方法，亲自去“转化”。

> *中学班主任工作的能力需要是复杂的*

作为班主任，一要具有较强的思想教育能力，包括观察了解学生的能力、对各种影响进行教育加工的能力、结合教学进行思想教育的能力和示范教育的能力。二要具有组织管理能力，包括班集体日常工作的管理能力、参与学校管理的能力。三要具有良好的人际交往能力，包括与学校领导、同行、学生以及学生家长的协调与交往。四要具有吸收、整理和应用信息的能力。信息的获得、加工、运用是班主任的基本功之一，只有具备较强的信息获取和处理能力，才能通过各种信息渠道学习新知识、新理论，了解教育改革的新动向，了解班主任工作的新要求新经验，从而不断提高自己的管理水平。班主任工作的工具是教科书、教具等。班主任在使用教科书之前，必须先掌握、理解它，把凝集在教科书中的智能、情感、世界观等完全转化为自身的智能、情感和世界观。这就意味着班主任工作有着比其他专业脑力工作更高的要求。班主任不仅要掌握所教学科的专业知识，还必须有与实现知识等转化有关的多种能力，如分析教材的学习能力、把握学生心理动向的能力、组织管理能力、言语表达能力、板书与绘画的能力、实际操作能力、说服人的能力，等等。

- **紧张性**

班主任的工作是生理能量消耗较小的非繁重工作，但却是心理能量消耗较大的紧张性工作。与以体力工作为主的工作者的体力消耗相比，班主任工作主要是消耗智能。从呼吸、脉膊次数、单位热量消耗（千卡/小时）等生理指标来看，班主任工作在这些方面的支出均低于相同工作时间中的体力工作者的支出。但从中枢神经、神经、肌肉、内分泌和心率等系统机能指标所反映的脑力负荷、情绪负荷及观察、注意、操作等心理指标看，班主任在从事教育教学活动时处在紧张状态。因此，班主任工作具有紧张性的特点，班主任工作是繁重而紧张的脑力工作。

· **时空无限性**

班主任的工作没有时间与空间的限制。学校虽然是专门的教育机构，但学校又不可能限制所有影响学生发展的因素，因此学校也就不可能把教育的时间和空间完全集中在学校内部。这就决定了班主任的工作必然会在空间上具有广延性，时间上具有连续性。班主任工作的众多形式，如上课、备课、批改作业、课外辅导、组织课外与校外活动、家访、带学生参观等等，就是为了争取教育的时间和空间。

班主任的工作不能机械地受时间和地点的限制而随意中断，因此就没有明显的上下班界限，没有限定的区域范围。班上、班下都是班主任工作的时间，校内、校外都是班主任的工作地点。课堂上、操场上、在校内、在校外，只要是学生活动的地方，只要是有学生的场所，班主任就必须以身作则、履行职责。课程表上规定的课堂授课活动只是班主任工作的组成部分之一。为了完成教书育人的使命，班主任需要争取一切时间和空间，深入到教育对象所在的各种场所与活动中，时时、处处发挥班主任对学生的教育影响作用。

身担三角地位，迎来多重压力

班主任作为一名特殊教师，身担三角——教师、班级管理者、心理辅导员，这就决定了班主任与一般教师不同。身担三角的地位决定了班主任工作的重要性，也提出了作为班主任应该具备的素质，其工作压力大于一般教师，所以自身的身心健康不容忽视。

[中学班主任在学校教育中的地位]

中学班主任作为一名特殊的教师，除了教师工作的特点外，在学校教育中还具有特殊的地位，这主要可以从以下两个方面得到体现。

- **中学班主任是班级的组织、协调、教育和管理者**

班级是学生在学校学习生活的基本单位，也是学校教育教学活动开展的基本单位。而这个基本单位不是简单的将学生拼凑在一起就能形成的。这个单位是有生命力、凝聚力、风气的。赋予班集体生命力的正是班主任。正如苏联教育家马卡连柯所指出的那样："我们不可随便拿一群个别的人作为集体，集体是活生生的社会有机体，它所以是一个有机体，就因为它那里有机构、有权力、有责任、有各部门之间的相互关系和相互依赖。如果这样的因素一点也没有的话，也就没有集体了，所有的只是一个随随便便的人群罢了。"因此只有通过班主任的一系列组织、协调和教育工作，才能使一个班级的学生逐步从松散的群体发展成为有自己的奋斗目标、有健全的组织和制度、有强大的凝聚力、有良好的舆论风气、大家团结友爱的班集体，从而保证学校教育、教学活动的顺利开展；贯彻落实国家有关的教育方针政策；落实学校行政领导对于教育、教学工作改革的决议和计划；执行教导处、总务处有关学生教育和生活方面的指示或要求；实施团、队、学生会组织开展的各项活动；乃至组织学生参加生产工作或公益工作、清洁学校卫生、召开校运动会等等，最终促进班级全体学生在德、智、体、美、劳等诸方面得到全面的发展，实现学校的教育目标。

- **中学班主任是学生的心理辅导员**

中学时代是青春期的主要阶段，是人的一生中身心发育最为显著的时期。处于这一时期的中学生，大多多思多梦，对未来有着美好的憧憬但又缺乏必要的知识；在学习中有着充沛的精力但又没有足够的自控力；在学习和生活中富有探索和冒险精神但又分不清是非界限。学生心理健康教育是班主任工作职责的一个重要组成部分。班主任角色应是三种角色的集合：教师角色、班主任即班级管理者角色、心理辅导员角色。班主任角色冲突的矛盾隐含着角色互补的统一。班主任心理辅导的特点：充分利用班主任人格魅力的影响；在教育教学的自然情境中展开心理辅导过程；以发展性心理辅导为主。

身边的故事 /

近年来，改革班主任制度的呼声一直不断。在北京、昆明、杭州、长春等地的学校都有过尝试，只是改革方式不同。南京外国语学校仙林分校尝试“取消班主任”，采用“班级教育小组”的管理模式，全国知名的北大附中宣布“取消班主任”，改为由“导师”指导高中生，而早在2004年，长春一所中学也提出取消班主任，新的管理模式是让学生自治，在当时引起不小的争议。

想一想 /

“班主任”可以取消吗？取消班主任是利大还是弊大？

分析 /

班主任，就是由学校指定的，全面负责一个班级教育与管理工作，对学生思想、学习、健康、生活等方面进行全方位指导的教师。“班主任”在国内存在了约60年。有的校长认为“取消班主任，能把所有教师的积极性都调动起来，也能更全面、客观地评价一个学生，有利于学生全面发展。”但是也有校长指出，该模式会削弱任课教师学科教研水平。也有家长指出：“原来有班主任的时候，了解孩子情况只要和班主任一人沟通，现在这么多人一起管理，每个教师可能只了解他分管的部分，给家长全面了解孩子在校情况增加了麻烦。”看来“取消班主任”有利也有弊。到底是利大还是弊大？该不该取消呢？“班主任”不应该退出历史舞台，而要加强和完善。“班主任”是随着班级这一授课单位出现的，只要这个单位存在，就需要一个组织、协调、管理者，一个学校教育承上启下的实施者，一个学生身心健康发展的引导者，一个班级各学科老师以及学生家长的协调者。“班主任”承担着组织、教育、沟通、指导和协调的重任。他必须全面负责孩子的思想、学习和生活，对学生的思想动态和行为方式适时加以引导和修正。之所以出现要求取消“班主任”的提议，主要是由于人们对目前“班主任”中存在的一些问题不满造成的。因此，我们应该不断完善“班主任”制度，塑造导师型的“班主任”。

[中学班主任在学校教育中的作用]

由于班主任在学校教育中身担三角的特殊地位，就决定了他在学生的发展过程中，在协调校内外各种教育力量中发挥着重要作用。

· 组织的作用

班级是学校教育教学活动的基本单位，也是学生学习、活动的基层组织。当学校把几十名来自不同家庭、不同学校的年龄相当、身心发展水平相近的学生编成一个班级的时候，还不能说这样的班级就是一个集体。它需要由班主任通过大量的工作，有目的、有计划地组织、培养而建设成为一个真正的集体。班主任对班集体的组织建设负有专门的责任。

· 纽带的作用

在学校里，一个班级的教育教学工作是由班主任和其他任课教师共同完成的。相对而言，任课教师更多地是对学生的某一方面负责，而班主任则是对学生的整体发展负责。在一个班级中往往有好几位教师任教，他们都肩负着教书育人的重任。但是教育、教学的成果不是靠哪位教师单独创造出来的，而是教师集体长期共同劳动的结晶。班主任的作用就是从学生整体出发，在语言、行为等方面注意理解、尊重和支持任课教师的工作，采取多种渠道与任课教师互通信息，介绍学生情况，并将任课教师组织成教师集体，共同制定班级计划，使任课教师也参与并协助自己做好教育和管理工作，使各位教师互相配合，步调一致，统一教育要求，形成教育合力，以增强教育的整体效应。除了各科教学之外，学校中各种学生组织及其开展的丰富多彩的活动也在对班级学生进行全面发展教育的过程中起着重要的作用。这也需要班主任把课堂教学和各种教育活动统一协调、妥善安排，以发挥良好的教育作用。因此，班主任是协调各任课教师、各种活动的纽带。

· 桥梁的作用

中学生的生活并不仅限于学校生活本身，他们处在学校、家庭、社会三种教育的交互影响下，从多方面接受信息、受到各种影响。尤其是校外的丰富生活对中学生的影响颇大。随着中学生独立意识的增强和活动范围的拓展，各种有利或有害于中学生成长的因素纷至沓来。班主任要使学生全面健康成长，就必须审时度势，经常与家庭、社会保持密切的联系，因势利导地充分发挥家庭和社会中积极因素的教育作用，克服其消极因素的负面影响，以增强学校教育的效果。为此班主任应该通过家访、定期召开家长会、带领学生深入社区和工厂参观工作、组织学生搞社会调查、请专家学者和模范人物到班级作报告等多种形式，沟通学校与家庭、社会的相互关系和教育渠道，使三方目标明确，要求统一，步调一致，共同做好学生的教育工作，培养出社会发展需要的合格人才。从这个意义上讲，班主任正是按照国家的教育目的、教育政策以及学校的教育要求来协调各方面对学生的影响，他在沟通学校、家庭、社会教育的过程中起着桥梁作用。

· 导师的作用

中学班主任面对的是一群十二三岁至十八九岁的青少年，他们正处于由少年期向青年早期过渡的时期，处于身心发展的重要时期，他们要长身体、长知识、增长独立生活和工作的能力，也是思想品德逐步形成的关键时期。需要班主任专门指导，使他们在德、智、体、美、劳等诸方面得到生动活泼主动的发展。特别是在当今时代，班主任不仅要给予他们正确的启迪、亲切的开导、明晰的解惑，及时帮助他们解决各种实际困难，还要教会学生去适应社会生活，同时帮助他们开发潜能，指导他们去创造新的生活。根据心理学家的研究，人在经过训练之后，其创造力可以提高好几倍，这说明人的潜能很大。班主任的工作就是要不断开发学生的潜能，使学生的创造力得到充分发展，从而为社会作出更大贡献。从这个意义上讲，班主任对学生的全面发展起着导师的作用。

[中学班主任的素质要求]

中学生大多活泼好动，对“真善美”有了一定的认识，但中学生的自控能力还非常有限，容易受社会不良风气的影响，从而荒废学业，甚至走向歧途。班主任是学生人生旅途上的一盏明灯。坦率地说，并不是每个想做班主任的人都能够胜任的。与其他教师相比，班主任与学生接触最多，对学生影响最大，对学校各项工作的顺利进行和对学生的个性形成与发展起着更重要的作用。因此，学校应当选派最优秀的教师来担任班主任。要成为一名优秀的班主任至少应做到以下几点：

- **热爱学生**

班主任应该热爱学生。学校是育人的场所，班主任是学校德育工作的排头兵，教师的职责不仅仅是教书，更重要的是育人，教给学生做人的道理。而且还要得到他们的认同，内化为一种自觉的行为。学生不是傻子，老师对他们如何，他们是看在眼里的。只有用心去爱学生，关心学生，才能感化学生，从而取得他们的信任。学生信任你，才能克服他们的逆反心理，才能更好地进一步开展工作。班主任只有得到学生的认同，让他们感到老师的要求是出于真诚的关心和爱护时，他们才会愉快地接受，才能达到良好的教育效果。而学生良好行为习惯的养成，又是一个长期的过程。因此，要给学生以极大的爱心与耐心。热爱学生不应只是停留在口头上，而应体现在平时的日常生活中。如对贫困学生就应该重点在经济上帮助他们，对患病请假的同学要真心实意地关心他们，对住宿生要经常到宿舍里去，了解情况，帮助解决实际问题，对后进生就应该善于弄清原因并多鼓励帮助他们等等。学生有活动最好尽量与生同乐。班主任的威信不是凭空建立起来的，而是通过日常生活中的一件件小事建立起来的。只要班主任对每一个学生充满信心、感情诚心、献出爱心、工作耐心，就

能达到教育目的，收到好的教育效果。

· **渊博的学识**

对班主任科学文化素质的要求是要有雄厚的基础知识、精深的专业知识、相关的科学知识和必备的教育、心理理论知识。其中基础知识是根本，专业知识是核心，相关的科学知识是条件，教育心理知识是动力，从而构成了合理的知识结构。这就要求班主任是样样懂、样样通的“百科全书”，是善于吸收、善于学习的“海绵”，只有这样，在教育、教学工作中班主任才能做到深入浅出、融会贯通、左右逢源、游刃有余，以满足学生日益增长的求知欲。学生一般都崇拜学识渊博的老师。学生不会相信一个不学无术的老师，甚至会轻视鄙视他们。一旦形成了这种对立的关系并巩固下来，班主任的工作将会难以开展。作为一名优秀的班主任，应该也是一位好老师，有渊博的知识，在教学和管理上有一套，在教学研究也应有所成就。最理想的状态就是学生对老师心悦诚服，以老师为荣。

· **以德服人**

一个成功的班主任应该是一个可以以德服人的人，对班主任来说，良好的道德素质首先表现在为人师表上。班主任的言行对学生始终具有示范性，班主任只有处处以身作则、为人师表，才能培养学生美好的心灵。学生只有看到优秀的品质在班主任身上活生生地体现出来，才会信服、仿效，才会激发他们发自内心的对真善美的追求。面对市场经济的大潮，面对金钱的诱惑，班主任不能把工作的价值与金钱完全画上等号。班主任不仅是一种分工，更多的是一种奉献，它不仅需要满腔热忱、兢兢业业地辛勤耕耘，还需要作出一定的牺牲，“甘为他人做嫁衣”。良好的道德素质还表现在热爱学生，具有民主的思想。热爱学生是教师职业道德的核心，也是班主任工作取得成功的奥秘。这是一种比母爱更高尚、更理智、更无私的情感。爱学生最根本的是要有民主作风。面向全体学生，关心学生的全面发展，不因个人的好恶和学生的优劣而影响对全体学生的关心、爱护，尤其是对那些受过“病虫害侵袭的花朵”，更要倾注热情、精心培育，切忌讽刺、挖苦、歧视、谩骂甚至体罚与变相体罚。班主任应有较高的道德修养，注重言传身教，注意自身形象。凡事身先士卒，尊老爱幼，助人为乐，遇事冷静，生活俭朴，工作卖力，有奉献精神等。须知学生的模仿能力是很强的，老师的一举一动都极有可能影响他们的处世方式。由此老师尤其应该注意自己的道德修养。一个好学的老师才容易造就一个好学的学生。满口粗话的老师是难以服众的。

· **善于进行角色的转换**

在课堂上，是老师。在课外，是朋友，是导师，是父亲，是母亲等。只有善于在不同的角色中转换，才能更有效地帮助学生，以实现教书育人的目的。

· **注重学生的人格教育**

培养学生健全的人格应该是每一位老师的首要任务。健全的人格对于学生未来能否健康地走向社会，起着决定性作用。人格教育应常抓不懈，并渗透于日常学习生活中。

· **相信学生，依靠学生**

班主任要相信每一位学生都有向善的可能，都有相差不大的智商，应该平等地对待他们，而不应厚此薄彼。班级管理应该下放到学生中去，老师只需对他们进行一定的指导即可。学生的事由学生管，突出学生的主体地位，以培养他们的能力。一个好的班主任能在他不在学校时，班级同样运转自如。

· **重视沟通**

优秀的班主任应能运用各种各样的沟通方式及时地了解学生的情况，解决生活上的实际问题。如谈心，学生干部汇报。实地家访，电话家访，师生信箱、邮箱等。没有调查没有发言权，就不可能对症下药，因材施教。

- **思路开阔**

班主任要思想开放，善于不断地学习总结提高，能创造性地开展工作。如开主题班会，旧式的班会形式简单、呆板、沉闷。主题班会应该采取多种形式，如辩论赛、看录像、讨论、小品、实地考察、访问名人、访问革命先烈、做一件实事等形式。

- **良好的心理素质**

班主任的工作时间长、强度高、任务重、变化大，因此消耗的精力和体力往往是巨大的，这不仅需要有健康的体魄，还需要有良好的心理素质：深刻而敏锐的观察力、有效而牢固的记忆力、灵敏而准确的思维力、丰富而活泼的想象力，丰富的情感、顽强的意志、积极的动机、广泛的爱好。只有这样才能在工作中保持昂扬振奋的精神；才能以愉快健康的心情去处理各种复杂的人际关系，沟通与学生的联系；才能不仅对学生传授知识、培养智能方面起主导作用，而且在人格影响，特别是心理健康的水平上起主导作用。

班主任工作辛劳而有乐趣。当他看到由于自己的工作而使一个团结、坚强的集体形成和发展起来时，当他看到一批优秀学生涌现出来、更多的学生茁壮成长时，他会感到由衷的快乐；特别是看到自己培养的学生已成为建设社会主义的栋梁之才时，就会更加看到自己的价值，感到无比的幸福。正因为如此，每一个教师，特别是青年教师，要努力创造条件争取担任班主任，并通过自己的努力实践做一个优秀的班主任，为培养合格人才多做贡献。

扩展阅读 / 班主任是什么 /

班主任应该是学生学习的导师、班级管理员、学生的知心朋友、学生的榜样、学生的维权代言人、学生的心理辅导员、学生的父母、沟通学校、家庭、社会的艺术家。

- **学生学习的导师**

班主任是学生治学与成才的向导和顾问。班主任教会学生学海泛舟，养成独立自学的良好习惯及智力品质，使他们学会分析、评价自己的学习过程，争取优良成绩。

同时，培养学生的现代科技意识，当班级的、小组的以及个人活动的辅导员，起参谋、顾问、指导作用。

· 班级管理员

班主任承担着监督工作、检查工作、执行纪律、执行规范、教育学生遵守纪律，遵守学生日常行为规范，遵守礼仪规范的职责。所以这个班级管理员的工作重点在养成学生良好的行为习惯和不断提高学生遵守纪律、规范的自觉水平。实施工作更多地靠道德教育的方法、民主的方法，落实纪律、规范，形成传统、风范。

· 学生的知心朋友

班主任热爱、关心和理解学生，是学生的知心朋友。要知心必须贴心，班主任要豁达大度，学会宽容，对学生真诚、平等，允许学生说错话、做错事、要给学生认识错误、弥补过失留有充分的余地，要看到学生是祖国的未来，要满怀着对未来的责任感和激情，经常站在学生的角度，设身处地为他们着想，要经常跟学生推心置腹地、朋友般地谈心，要客观地、不带偏见地了解学生，看待所发生的每件事，在学生需要的地方伸出援助之手。这样，学生才会对老师无话不谈，把老师真正当做知心朋友。

· 学生的榜样

班主任跟学生朝夕相处，一言一行对学生都有潜移默化的感染作用。班主任就是学生学习的模范、遵纪守法的模范、道德修养的模范、开拓进取的模范。

· 学生的维权代言人

班主任承担着保护学生，维护学生合法权益的神圣责任。一方面要帮助学生学法、知法，进行守法教育。另一方面，要教育学生运用法律手段保护自己的合法权益，还要主动地向社会上一切危害青少年健康成长的人和事作斗争，充当维护学生合法权益代言人的角色。

· **学生的心理辅导员**

班主任是学生的心理辅导员。为此，班主任必须熟悉心理学，学会综合运用心理学和心理咨询的方法，像心理医生那样和蔼可亲，细致入微地体察学生的内心世界，也像心理医生那样奉行“非指导性原则”，帮助学生分析、解决面临的各种问题及心理障碍，注重培养学生的社会适应能力。在跟学生谈心时班主任应摆脱“教育者”角色，深切关心地倾听、平等交谈，为学生提供情绪、思想及个性心理品质的分析，调动他们自身内在的力量自我疏导、自教、自律、自强。

· **学生的父母**

班主任扮演着使学生既感到亲切、温暖、关怀又严格要求的角色。学生常把老师看成家长，对老师甚至比对父母还尊敬。优秀班主任都应像父母那样疼爱学生，关心他们的生活、营养、发育和卫生健康。但这绝不是姑息纵容和溺爱，而应是理智的爱，是对学生负责的爱。

· **沟通学校、家庭、社会的艺术家**

班主任是使学校教育、家庭教育、社会教育相一致、相配合的纽带和桥梁。班主任经常把学生带到社会大课堂和大自然中去进行“活”的学习，到各行各业建设者的身边感受时代的脉搏。主动依靠社会、社区、学生家长及广播、电视、报刊等资源，帮助学生学习古今中外的灿烂文化和先进科技。

不同职业阶段，多变身心问题

中学班主任职业生涯分为四个阶段：职初期、成长期、成熟期、待退休期。每个阶段都有独特的生理、心理年龄特征，也有职业成熟特征。每一个阶段都有新的发展任务、新的矛盾和新的心理冲突。从一个阶段向另一个阶段过渡，不能坐等职业年限的到达，而应积极面对，做好准备，有效地预防可能发生的各种心理问题。

［职初期］

职初期班主任是指刚走上班主任岗位1至2年的新教师。这个时期是班主任整个职业生涯中遇到困难最大最多的时期，也是最容易发生心理问题的阶段。这个阶段的主要心理问题有环境适应不良、工作方式适应不良、人际关系适应不良等等。

- **把握新角色的烦恼。**

与在学校读书相比，他们再不能随心所欲地穿着打扮，行为举止也不能无所顾忌了。当新班主任想端庄威严的时候，又怕过于做作；想和蔼可亲的时候，又怕有失尊严。新班主任会经常为“我像不像个教师？”、“我像不像个班主任？”、“我在学生眼里有没有威信？”诸如此类的问题而焦虑。

如何把握师生关系的尺度，也是常常困扰新班主任的问题。对学生到底是凶一点好还是宽一点好？很多新班主任一开始都想做一个平易近人、受学生欢迎的好老师，实践了一个阶段，发现师生情感融洽了，但是班级纪律松散了。也有一些班主任一上来就想控制住学生，结果师生关系搞僵了。

- **面对课堂驾驭的心理困扰**

对于新班主任来说，课堂纪律的驾驭是职业生存的第一步。因为新班主任往往是调皮学生捉弄的对象。在他们认可你的权威之前，你必须先接受他们对你能力的考量。对于学生不友好的挑战，你将如何应对？以班主任的身份威压？学生不一定信服；借助领导或家长的力量？学生更会小瞧你。最好是以大智若愚的教育机智来解决问题，但这种大智若愚的教育机智，是需要久经教育实践沙场的历练才能具备的，而有些新班主任几经挫折后可能会患上“教室恐怖症”。

- **走进新群体的心理不适应**

当你走进一所学校，与你同事的教师有各个年龄层次、各种不同经历的人，你们每天同处一室办公。时间长了，你会感受到你们其实不仅是同事，还是对手，但是这种竞争是掩饰在温文尔雅的氛围里、相敬如宾的关系之下的。

你脱离了大学的群体，却迟迟无法融入新的职业群体。你还没有成家，过去的朋友四散而去，你又不想让父母过多为你操心。你有很强的自尊心，心里再苦再累也不会流露在脸上，心中的烦恼和焦虑无处诉说，因此，憋在心里更显得沉重。

身边的故事 ／

孙老师是去年9月走上工作岗位的。带学生军训时，他的工作热情特别高，每天和学生在一起，积极主动地做好组织管理工作。但开学后才给学生上了几次课，就被学生起了一个绰号“噢老师”。他上课时每讲一句话就会“噢”一下，如“今天的课噢，是讲立体几何的圆锥体噢。先自己预习一下，有问题的话请提出来噢。”被学生嘲笑后，孙老师很注意自己的语言，但有时难免会带出一两个。学生就是不体谅他，上课专挑毛病，不认真听讲，结果考试成绩不理想。弄得他越来越怕上班、怕见学生、怕上讲台。每天备课至深夜，但就是觉得课备不好。有一次，在超市买东西，因为看见自己的学生也在超市，就转身逃走了。

想一想 ／

孙老师遇到了什么困境？孙老师真的是在语言方面有障碍吗？

分析 ／

孙老师的困境看似语言障碍，但实质是他的教学效能受到了打击。在工作中，因为语言缺陷，没有赢得学生的尊重。加上处理师生关系经验不足，导致教学没有取得好成绩。这一连串的失败严重地降低了孙老师的自信心和工作积极性，并产生害怕学生、恐惧上课的感觉。所以，要点不在语言障碍上，而是要制订计划，整体提高教学能力和教学水平。其次要多与学生沟通。为了上好一节课，还要在课内课外主动与学生交流思想感情，化解师生矛盾，增加师生友情。

［成长期］

进入班主任职业的第三至第十个年头叫做班主任的成长期。在这个时期，大部分青年班主任已经克服了最初的惶恐，逐步适应了新的职业环境，并且开始为自己的成长提出新的目标。

由于客观条件和自身素质的差异，青年班主任的成长也是不均衡的。脱颖而出的青年班主任在获得心理满足的同时，也会承受着来自多方面的压力。处在相对劣势地位的班主任由于付出的努力得不到相应的回报，可能心灰意冷、怨天尤人，以致对他人的成功采取贬抑、诋毁等消极心理防御方式，甚至产生嫉妒等不良情绪。

- **自我期待与现实认可的差距**

进入成长期的青年班主任产生了美好的希望：不当教书匠，要做教育家。但是，现实认可的标准，最终评价你的工作业绩的是考试分数、升学率。你发现，有些班主任不搞改革、就靠加班加点，他的学生照样考个好分数！教育理想和现实的巨大反差，曾在许多有抱负的青年班主任心里引起强烈冲突。执着理想，不入俗流，你即使再优秀也不会被现实所认可。但是放弃理想，一味顺应潮流，为应试而教，为考分而忙，你会感到职业生命的窒息。怎样把两者结合起来？既要积极适应现实，又不放弃心中的理想，在顺应中求变革，在渐变中求发展，这是最可行的改革之路。

- **领导的期望与同行的接纳之间的不一致**

领导常常鼓励青年班主任脱颖而出，也经常为青年班主任的成长创设各种条件。但是，当你真的按照领导的期望脱颖而出的时候，种种压力也迎面而来。成长期的青年班主任越是成长得快，越要比较多地承受打破平衡所遭受的压力。

在竞争的时代，你的优秀客观上会对你的同行造成压力。当然，同事的表现不排除嫉妒、狭隘等不良方面。因此，如果你想优秀，你就要做好经受来自各方面压力的思想准备。同时，在你发展自己业务的时候，也要同时发展自己的人际智慧，毕竟，良好的同事关系也是你成长的资源。

- **因小有成就导致自我认知不合理**

这种问题恰恰发生在初出茅庐而又小有声名的好班主任身上，他们在没有太多的成功感的时候，是比较虚心谨慎，比较注意尊重教育的客观规律的。但是，一旦他们获得了较多的成功便会产生对自我估价的认知偏差，夸大自己的长处，固执己见，轻视他人的意见。在与学生和家长交往的时候，他们就会思维狭窄，一味从自己出发，而不愿意客观地理解他人的立场，偏离了正常的班主任角色。

- **渴望成功与狭窄的成功观念的矛盾**

班主任职业成功的标志是什么？业务娴熟也好，水平高超也好，能力卓著也好，若没有行政级别上的提升都不算成功。这就是影响了我们几千年的传统文化观念。所以，青年班主任业务上小有建树，就盼着上级的提拔。狭隘的成功观人为地限定了成功的通道：普通班主任——年级组长——教导主任——校长。班主任成才的行政化趋向，也大大削弱了青年班主任关注学生、关注改革的热情。

- **面临着成家与立业的双重任务**

班主任内在素质的优秀与外在条件的相对清贫，使他们在择偶问题上常常陷入自恃清高和无奈俯就的矛盾中。在这方面成为“老大难”的班主任，往往是自我要求高，工作认真，甚至很优秀的班主任。

择偶、恋爱的失败往往会给青年班主任造成极强烈的挫折感。青年班主任一旦在个人问题上遇到挫折，往往会导致悲观失望、自我否定，工作打不起精神，忧郁烦躁，甚至一改往日性格，和周围人格格不入。个人生活的幸福和事业的成功是相辅相成的。

[成熟期]

35岁到50岁左右称之为班主任职业发展的成熟期。进入这个时期的班主任，在工作上已经积累了相当丰富的经验，也基本形成了自己的教学风格。大多数教师也完成了相应的职称评定。他们似乎已经通透了教育规律，进入“随心所欲不逾矩”的境界。

处于这个时期的班主任，事业心责任感较强，工作承担量较大，家庭负担较重，但是身体机能逐渐下降，体质和精力都在逐步衰落，人际关系更加复杂。

· **由于不善变通而造成的经验刻板化**

长期的职业训练会把你模塑成这样的人：特别认真，甚至于有点儿顶真；非常自信，甚至有点儿主观；十分自尊，甚至过于敏感他人态度。认真、自信、自尊，都是非常可贵的品质，但是走过了头，就可能是一种“病态”。固执已见地按照自己认定的信条去做，唯恐因某一次失去原则而影响自己的威信，影响自己的职业安全感。胶着于固有的状态，不敢有半点迂缓，这是一种类似于强迫症的表现。这样的班主任当得很累，却并不为周围人所理解。

· **追求完美和不允许失败的自我苛求心理**

这个时期的班主任在业务上趋于成熟，在同行和社会上也已小有名气。他们十分看重自己多年积累的经验，十分看重自己的名誉，并且总是力求完美，以至于常常为此而负载重重压力。“不允许失败”是他们致命的弱点。因为教育的复杂性，班主任的水平和能力要经过相当时间的实践证明才可能获得同行认可。一旦他们被认可为优秀班主任，领导、同行和家长都会对他们更加严格，眼光也更挑剔，甚至不允许他们有失误，认为那样就当不起优秀的称号。因此，他们对自己也抱着“完美主义”的态度，对自己的要求也会苛刻起来，这就会给他们带来不堪承受的心理压力。

· 过分自尊和经验优势受到挑战导致的心理失衡

进入职业成熟期的班主任有着丰富的教育教学经验，有处理千变万化的实际问题的智慧。他们在某个业务领域，是青年班主任的指导者，当得起专家的称号。但是在实际工作中，很多方面他们并不比青年班主任具有优势，比如对于信息技术的掌握、外语水平以及和现代学生的心理距离等等。而且，面临教育教学改革，以前积累的教育教学经验正随着时代的发展而老化，但是对于接受新的事物，他们往往又比不上年轻班主任。因此，他们常常会有一种危机感，生怕跟不上形势发展，生怕在竞争中被青年班主任比下去。

· 人生阶段的“多事之秋”带来的身心疲惫

成熟期班主任大多在事业上是挑大梁的骨干，生活上是家庭的中坚力量。他们一般都有很强的工作责任感和家庭责任感。学校和家庭都需要他们花费较大精力去应付、去承担。这个阶段的教师往往追求“鱼和熊掌兼得”，但苦于精力有限，长此以往就会造成心理上的压力和负担。一些事业心较强的中年班主任，将主要精力投入到事业中，工作上精益求精，家庭生活穷于应付，影响了正常的家庭成员交往。有的班主任由于工作繁忙，无暇顾及子女的学习和成长，造成子女升学和就业发生问题。教好了别人的孩子，耽误了自己的孩子，这使得他们常常对子女心怀愧疚之情。

[待退休期]

女50岁以上、男55岁以上进入班主任职业的待退休期。处在这个时期的班主任由于生理机能开始衰退，活动能力降低，情绪发生较大变化，身心发病率较高，开始进入更年期，从而使他们面临着更严重的心理卫生问题。

· 临近退休将要离开讲台的失落感

几十年如一日执教讲台，一旦意识到要退出历史舞台，心理上便会产生不适应，留恋、恍惚、惘然、黯淡的情绪就会油然而起；仿佛自己将是一个多余的人，不再被他人需要，自己一辈子所积累的工作经验也将失去价值；对同事、领导甚至子女的态度变得非常敏感，总在怀疑自己被轻视、被冷落。由于周围人的小心、谨慎，人际关系也趋于紧张，这样形成恶性循环，导致他们更加孤独、抑郁。

- **年事已高与壮志未酬造成的焦虑情绪**

每一位有追求的班主任，不管他在临近退休的时候事业上已经达到了怎样的高度，他都仍然会有许多未能成就的梦想。他们都曾经努力过、奋斗过，也想有“老骥伏枥，志在千里”壮士暮年之志。但是太多的曲折和坎坷，又使他们有一种徒怀壮志前途黯淡的悲凉心境，这也会使他们常常产生焦虑。

- **“昔日辉煌”与“后生可畏”的现实带来的“夕阳西下”的没落感**

有过辉煌的成就的班主任，临近退休已经不再处于事业的中心，他们在工作中的重要位置逐步让位于年轻人。随着时间的推移，无论曾经多么辉煌，在周围人眼里，都将被逐步淡忘。他们已经从一个舞台主角退为陪衬，从一个挑大梁的骨干，变成一个需要照顾的弱者。他们的经验和能力比起年轻人还游刃有余，但是资力敌不过年龄，“舞台谢幕”终成定局。这常常令他们欲说还休，郁郁寡欢。

扩展阅读

美国博恩崔西说：有3%的人为未来做详细规划，而有97%的人不为未来做什么规划。通常地说，做规划的人有自己的事业，没有规划的人则为那些有规划的人工作。

“预则立，不预则废”，对自己的一生职业发展做好生涯规划是每个班主任成功经营人生的重要条件。班主任职业生涯设计的目的是帮助个人真正了解自己，为自己定下事业大计，筹划未来，拟定一生的发展方向，根据主客观条件设计出合理且可行的职业生涯发展方向。职业生涯活动将伴随班主任的大半生，拥有成功的职业生涯才能实现完美人生。

班主任职业生涯规划书包括：自我分析、环境分析、自己的新观念、发展目标、发展策略。

提高关注身体健康的意识

天道自然，人道自己。始而胎气充实，生而乳食有余，长而滋味不足，壮而声色有节者，强而寿；始而胎气虚耗，生而乳食不足，长而滋味有余，壮而声色自放者，弱而夭。生长全足，加以导养，年未可量。

——【南北朝】陶弘景《养性延命录·教诫》

［案例导读］ 教师背负三大疾病高风险 身体状况堪忧[1]

在上海市科教党委、市教育工会的支持下，上海瑞美医疗保健中心历时3个月，对985名中小学和大专院校骨干教师、学科带头人进行了健康体检，其中男性701名，女性284名，平均年龄48.9岁。结果提示：教师群体罹患脑血管疾病的危险性最高，其次为罹患心血管病的危险性，再次为罹患肿瘤的危险性；前两者的发病危险性明显高于正常人群。

众所周知，中风、心梗、肿瘤是目前威胁人类生命和健康的三大主凶，致死率和致残率最高。本次教师体检发现罹患肿瘤危险的教师人数为251人，占25.5%；罹患心血管意外危险的人数为469人，占47.6%；罹患脑血管意外危险的人数为482人，占48.9%。教师们的以下健康指标也不容乐观：脑供血不足的人数为482人，机体疲劳缺氧状态的人数为218人，高血脂的有214人，高血糖的有21人，高血压的为136人，患有脂肪肝的有214例，男性教师中患有前列腺肿大的有341例，女性教师中患有妇科疾病的有209例。

教师从事着既消耗脑力、消耗体力的工作，又承担着沉重的工作压力，由此带来的健

[1] 江西教师网 http://www.jxteacher.com/content.aspx?id=42bb4a40-ff8b-4921-bdea-ede45c8b6a27

康隐患是多方面的，相当多的教师处于亚健康状态：有睡眠障碍的355人，疲劳状态的218人，检查结果显示有肺功能不足并影响肺部血液循环的人数有189例，有消化道功能不全的人数有805例，咽炎和鼻部过敏的人数有731例，有颈椎病的人数更高达616例。

悲痛的镜头 ／

> 镜头一：镇头中学近二十天左右，有两位教师病倒在课堂上，均为男性，均系脑溢血。先前的江姓老师经过开颅手术后，目前已基本脱离生命危险，但还住在湘雅。后来的张姓老师在湘雅连做两次开颅手术，但终究无力回天，39岁年纪，顾不了上有父母，下有儿女，匆匆西归。

> 镜头二：今年春季刚开学，王壮老师发现背上长了一个馒头大的“疙瘩”，并在不断扩大，为了不耽误毕业班学生的高考成绩，王壮想等到学生高考完了以后才去检查、做手术，结果一拖再拖，最后累倒在讲台上。医生说，如果再迟几天，肿瘤就可能压迫了神经，造成下肢瘫痪。

> 镜头三：元旦前一周，我患了严重的感冒，进而引发气管炎，每天咳嗽不停，浑身乏力。但，我依旧坚持着上下班，只是，在班级各项管理方面非常力不从心。

> 镜头四：安溪一年轻教师陈宇丰腹泻了一个多星期。起初，他和家人都以为是肠胃问题，吃了点药，仍坚持上课。课堂上，学生们只是隐隐发现老师有点怪，但没人将这不祥的征兆放在心上。直到同事注意到陈宇丰脸色发黑，好说歹说，他才到安溪县铭选医院检查，病因疑为肿瘤。

> 镜头五：33年无怨无悔坚守三尺讲台，深受学生爱戴与乡亲好评；外人眼中他显得“倔”和“傻”，孩子眼中他很忙碌，妻子心中他是“大英雄”。一个多月之前，这位被同事、乡亲、学生赞誉的“铁人”突然病倒了！崔老师很瘦，可他血压却高得惊人，高达200mmHg（毫米汞柱）。去年开始，医生就建议崔老师别再上班，回家休息，然而崔老师却放不下他的工作，继续坚守在讲台上。

> 镜头六：2004年4月26日，在剧烈的咳嗽中，在同学们的掌声中，孟二冬老师坚持讲完最后一课，咳出一口鲜血，倒在了讲台上。经医院诊断，他患了食管恶性肿瘤。

……

令人悲痛的镜头还有很多很多，这些老师只是若干生病的老师中的一员。很多种疾病的发病率都是教师高于普通人群；而班主任老师的发病率又高于普通教师。其中，中学班主任的发病率尤其高。这样的现状不得不引起我们的重视，不仅领导应该重视，最应该重视的就是班主任老师自己。为了避免这悲痛的一幕幕再次发生，班主任们应该提高身体健康的意识，进行身体健康的修炼，防患于未然。

总结疾病特点，进行原因分析

班主任作为一名特殊教师，身担三角——教师、班级管理者、心理辅导员，工作压力大于一般教师。而中学时代又是人生的最为关键的时期，所以作为一个中学班主任，不仅要具有先进的教育理念，扎实的专业知识，还要有健康的体魄。社会对教育的要求高了，学生获取知识的渠道多了，班主任们的压力也越来越大了，每天要花大量的时间备课、改作业，还要时刻监控好学生的安全、卫生，还有课堂教学、教学科研、教学成绩、论文、职称、考核、学历、继续教育等等一系列的工作不能放松，班主任们都有力不从心的感觉。现实中，很多班主任的身体状况并不乐观。慢性咽炎、颈椎病、心脑血管病等职业病都在威胁着班主任们的健康。身体素质在下降，自卑、失眠、焦虑等症状出现，班主任的健康状况令人担忧。

[中学班主任的疾病特点]

班主任在学校承担着繁重的教学、管理任务，是教育工作的骨干。在忙碌的教书育人工作中周而复始地上课、批改作业、写教案、管理学生，却往往忽视了自我身心保健，导致慢性咽喉炎、颈椎疼痛、下肢静脉曲张、慢性咳嗽支气管炎、胃肠道功能紊乱等。

· **讲出来的病——慢性咽炎声音沙哑**

教师主要是用声音传播知识的，加之管理班级，所以中学班主任用嗓子非常频繁。但也往往由于用声过多，没有注意嗓音保健，沙哑、失声的慢性咽炎成了常见病。慢性咽炎主要是经常说话造成的，声音是肺部产生的气流冲击喉部声带而发出的。由于长期用嗓，使咽部组织疲劳损伤，咽部有明显的异物感，出现充血、疼痛、多痰等症状。这是咽黏膜、黏膜下组织和淋巴组织的弥漫性炎症。慢性咽炎在中年班主任中比较普遍，大都是因为急性咽炎没得到及时治疗或反复发作的结果。患上慢性咽炎的人会经常感到咽喉干燥、灼热又疼又痒，尤其是过度劳累和气候变化的时候最明显，说话声音非常沙哑，有的人甚至出现短暂失声。清晨还会咳出黏稠痰块，经常短促而频繁地咳嗽，早上最剧烈。此外，粉笔灰是让班主任们发生慢性咽喉炎的另一原因。虽然无尘粉笔减少了班主任们患咽喉炎的概率，但由于长期接触，班主任咽喉炎的发病率仍比其他行业高得多。

· **吸出来的病——慢性咳嗽支气管炎**

粉笔灰确实对班主任身体有影响，虽然现在改用了“无尘粉笔”，但无尘绝不是没有粉尘，只是比普通粉笔扬起的粉尘少点而已。所以，长期大量地吸入，对慢性支气管炎等肺部炎症的发生有很大影响。此外，慢性支气管炎还和多种外界及自身的致病因素有关，比如过敏、吸烟、上呼吸道感染等。特别是吸烟，长期繁重的教学任务，使吸烟成为很多老师提神醒脑之剂，但吸烟却损伤了支气管黏膜上皮组织，严重削

弱了呼吸道自身的净化作用，造成呼吸道感染，出现咳嗽、咳痰、气喘等症状，严重的还能引起肺炎。

· 站出来的病——静脉曲张腿脚肿胀

下肢静脉曲张在中学班主任中特别常见，是指小腿部皮肤浅表血管因淤血而扩张引起的一种病症，是一种持久站立、体力活动强度大引起的病。班主任长时间站着，下肢静脉中的血液长时间不能向心脏回流，都积在腿和脚的静脉里，腿脚肿胀不说，腿上还会出现像蚯蚓一样的青筋，严重的人腿还会变黑，出现湿疹、溃疡，慢慢连站都站不住了，只能手术。下肢静脉曲张的早期症状有下肢胀痛，尤其是在长时间站立不活动后更为明显，细的蓝色静脉血管呈弯曲扩展状。较重的下肢静脉曲张可因皮肤破损而形成溃疡，经久不愈。

· 写出来的病——长期伏案肩颈疼痛

肩颈痛这类病是软组织的慢性损伤。疼痛经常反复发作，但没有明显的外伤，也没有明显炎症，这种疼痛和工作过度有关。中学班主任需要长时间伏案批改作业、备课等等，经常会连续伏案工作两三个小时甚至更长，姿势持续固定不变，使颈椎长时间处于屈曲或某些特定体位，不仅使颈椎间盘内的压力增高，而且也使颈部肌肉长期处于非协调受力状态，颈后肌肉韧带易受牵拉劳损，椎体前缘相互磨损、增生，所以特别容易犯肩颈痛。虽然多数人的肩颈痛只是局部软组织的慢性损伤，酸痛并没有构成严重损害，但长时间持续的疼痛就会影响正常的工作和生活。此外，有些班主任坐着时还习惯于驼着背、哈着腰，不良的坐姿加上长时间低头伏案，使颈椎处于长时间的向前屈的劳累状态，颈后肌处于强直状态，违背了正常的颈椎生理曲线，这就很容易患上颈椎病。少数严重肩颈痛的人也会患上颈椎病，压迫脊髓，损伤神经。长期低头伏案还使整个躯体重量全部压在腰骶部，时间久了还会造成慢性腰肌劳损，引起腰、腹、背部肌肉下垂、疼痛。此外，班主任在书写黑板字时，经常使头部后仰或偏向一侧，这样会使局部肌肉负担过重，椎关节、脊神经也会经常受到刺激和压迫。板书时经常抬高手臂，容易造成颈背部筋膜炎及肩部旋转肌腱炎，如果不处理，除酸痛加剧外，还会演变为颈椎退化性关节炎或肩周炎。严重时，肩膀、背部出现无力感，甚至头痛，手臂无法抬高。所以颈、肩及胸前疼痛，还会臂、手麻木，肌肉萎缩，这都是颈椎病的表现。

- **吃出来的病——胃肠道功能紊乱**

压力大、精神高度紧张、饮食没规律是中学班主任尤其是毕业班班主任的通病，患上消化性溃疡是很正常的。胃肠功能紊乱是很多班主任都有的毛病，主要是由于饮食不规律造成的胃疼、胃酸、胃胀。但这种功能性紊乱如果没发展到胃、十二指肠溃疡，人们通常是不重视的。消化性溃疡是一种反复发作的慢性病，有的长达一二十年甚至终生，大量的临床资料都表明，心情紧张、压力大与胃肠道溃疡的发生有直接关系。吃饭不定时，有一顿没一顿，再加上强烈而持续的身心紧张，特别容易导致焦虑、愤怒、抑郁等情绪，使胃液分泌增加，胃酸和胃蛋白酶升高损伤胃和十二指肠而发生溃疡。

- **看出来的病——眼疲劳和眼疾**

长久看书、批改作业如果不注意按时休息调节，会损害视力，视力严重下降，80%的老师视力都在0.8以下或更多，甚至会诱发各种眼疾。

除上述常见的疾病之外，中学班主任患恶性肿瘤的多，特别是消化道恶性肿瘤对中学班主任生命的威胁最大。心脑血管疾病为第二位死因。由于中学班主任工作负担重，日均工作时间多达10个小时以上，平时体育锻炼少，有资料表明，60.46%的中学班主任从不参加体育活动。许多班主任想进行身体锻炼，但苦于没有时间，因而心脑血管弹性差，导致高血压的患病率很高，容易发生心脑血管疾病。有些地区的班主任患肝病的增多。尤其是乙型肝炎是一种不容忽视的疾病，传染机会多，治疗效果不大理想。胆石症的患病率颇高。有报告称，中学班主任患有胆石症的发病率为

5.7%–8.1%，这是由于班主任多坐、立，少运动和饮食结构不合理，以及身心状态长期不健康所造成的。中学班主任中罹患的疾病多数是慢性病，而且常常一身兼患数种疾病。

以上情况说明有部分班主任，尤其是中老年班主任，因长期埋头工作，不注意劳逸结合，忽视自身保健，久之积劳成疾，患有各种慢性疾病，如肿瘤、高血压、冠心病、溃疡病、神经衰弱等。

身边的故事 ／

故事一：29岁的李老师5年前就发现，她一讲课就会出现嗓子疲劳、声音嘶哑，但是休息后说话又恢复正常。近两年来声音嘶哑的频率越来越高，除了讲课费劲外，还伴有脖子发胀、声音低沉、干咳等症状。学生反映，有时听不清她讲课内容。

故事二：刘老师今年41岁，是一中学班主任，有19年的教龄。自从当上班主任后，他的咽喉从来没舒服过。近年来症状更是逐年加重，他总感觉嗓子里有痰，吐不出，咽不下，因此养成了清嗓子的毛病，学生老远就知道老师来了。他也看过医生，诊断为慢性咽炎，药吃了很多，可效果不明显。

想一想 ／

李老师患了什么病？她该怎么办？刘老师的慢性咽炎为什么吃了药，效果不明显？

分析 ／

李老师嗓音反复嘶哑可能是慢性喉炎。慢性喉炎是喉黏膜及黏膜下层的慢性炎症性病变，是一种常见的喉部疾病。慢性喉炎的主要症状是声音嘶哑。声音嘶哑的程度早期为间歇性，以后逐渐呈持续性，严重者可失音。患者喉部会有异物感、干燥感、刺痒感或烧灼感等，干咳是慢性喉炎的特有症状。不恰当发声以及用声过度是引起慢性喉炎最常见的病因。

如果发声过度，声带受到损伤，出现充血、水肿，甚至黏膜下出血，就会出现声音嘶哑。此外，全身性病变有时可以累及喉部组织，如甲状腺功能减退时，使声带充血，黏膜水肿，影响喉肌运动。慢性肾炎、慢性肝炎和性腺功能的影响均可引起慢性喉炎的病理改变。值得强调的是，慢性喉炎如能将致病因素除去，则预后大多良好，否则病变将转变为增殖肥厚性阶段，成为不可逆性病变，降低治愈率。因此，治疗慢性喉炎首先找出致病因素，否则只能一时好转。另外，声休的时间也不能过久，否则会转化为心因性发声无力症。

慢性咽炎是由急性咽炎发展而来的。一般情况下，由于急性咽炎没有得到合理或及时治疗，诱发慢性咽炎。也有部分老师由于患鼻炎、鼻窦炎的缘故，鼻涕经常向后流，向下延及咽部，使咽黏膜充血肿胀，诱发慢性咽炎。也有的老师咽喉部比较敏感，长期吸入粉尘等不洁空气，对咽部黏膜刺激而诱发。慢性咽炎患者由于咽部黏膜处于慢性炎症状态，因此，有的患者会觉得咽部总是有痰，吐不尽，咽不下，于是就经常干咳。慢性咽炎的治疗是一个循序渐进的过程，讲究三分治，七分养。一般不需要用抗生素治疗，因为慢性咽炎并非细菌感染。滥用抗生素对于慢性咽炎有害而无益，因为滥用抗生素可能导致咽喉部正常菌群失调。另外，滥用抗生素还能引起细菌耐药，导致抗生素越用越高档，用药时间越来越长。

[原因分析]

国内外的诸多统计数据表明，中学班主任的身体健康状况不容乐观。班主任们长年过重的工作压力，过高的社会家庭期望值，以及舆论的求全责备使他们的身心疲惫不堪。在重压之下，他们对自身健康也无暇顾及，以至于小病拖成大病，急性病转为慢性病，最终疾病缠身。带病工作似乎已经成为班主任老师职业的特征。如果一名班主任没有健康合格的体魄，如何能胜任繁重的教学工作、管理工作、辅导工作？如果我们中学班主任队伍的整体健康状况令人堪忧，我们的教育事业又如何能健康发展？那么哪些因素影响中学班主任的身体健康呢？

· **工作时间长、工作量大、负担重导致中学班主任健康状况下降**

中学班主任是一种压力程度颇高的职业，由于其职业的特殊性，影响了身体健康。随着教育体制改革的深入，给中学班主任带来了新机遇，但同时也成为新的压力源。班主任老师承载着社会对新一代的期望，真是任重而道远。他们在学校里往往独当一面，承担繁重的教学、科研、管理任务，是教育工作的骨干，而在家中又是家庭的支柱。相当一部分班主任因长期处于工作压力之下，产生了职业倦怠心理，身心健康受到了威胁，极大地影响了班主任的健康状况。班主任工作总体上可以用一个字概括，那就是“累”。一位班主任这样描述一天的工作：“早晨6点多从家出发赶到校，有时早饭都顾不上吃，到校后，马上组织学生打扫卫生，还要进行晨检，上两节课，批改学生作业，备课，个别辅导，下课监管学生的安全，中午在学校吃饭，同时找留守或问题学生谈心，到处巡视监管学生的安全，组织学生搞卫生并进行午检工作，下午上完课后，还要整理一些材料，同时要备课、改作业，白天来不及的带回家晚上加班。除了这些必须要做的教学工作，学生的安全问题、思想问题、成绩问题都需要晚上工作之余慢慢考虑。”中学班主任的工作量除正常的教学工作如备课、上课、批改大量的学生作业外，还承担了许多繁杂的非教学任务，如辅导学生、做学生的思想工作、维持纪律、管理学生值日、卫生、上操、学生的活动、用餐、安全、校外表现等。要完成这些任务，班主任老师必须占用大量时间，于是一天的睡眠时间远不能达到8个小时。而班主任休息日加班更是普遍现象，班级布置、自我更新、校本培训、家访、学历进修等，真可谓是身累、脑累、心累。

· **社会压力大**

全社会都密切关注教育，这种现象导致的直接后果就是中学班主任的压力越来越大。因为教育重要，所以教育不能出现任何闪失。而事实上，影响教育效果的因素是多方面的，如社会风气、家庭教育等，中学班主任付出了努力，但教育效果往往很难与之成正比。中学班主任，可以不在乎收入的多少，但在乎社会的理解、别人的尊重和工作的实效，所以，中学班主任工作积极性受到影响。随着社会的发展，家长对班主任的期望越来越高，要求班主任有渊博的学术知识、精深的专业修养、高超的教学技艺、高尚的道德情操、较高的教学质量等，家长把望子成龙的热望转嫁到班主任身上，而且随时通过各种方式表现出来。比如对于家庭作业的安排，如不安排家长有意见，说班主任太懒，如布置作业，家长还是有意见，说孩子太累。为了不使家长多告状，班主任们处处谨慎小心，尤其是教育学生时心理压力更大，生怕由于孩子心理素质差、承受能力低而发生不该发生的事。这样，班主任们处于矛盾中，一方面职业要求班主任要教好书育好人，另一方面孩子承受能力太差，家长又时时监督着班主任的举动，使得班主任落入了想管又不能多管但又不得不管的为难境地，心理很压抑。

- **心理压力大**

据有关调查，中学班主任上班时心情愉悦的仅占13%，心情一般的占64%，有焦虑感的占16.6%，有20.4%的班主任感到烦躁。比例原因又是多方面的，初中面临中考，高中面临高考，另一方面，目前评价一所学校一位班主任的标准仍以学生考试成绩为主，尤其是重点高中、重点大学的上线率更是大家关注的焦点，学校把它作为宣传自己的资本，家长以此作为选择学校的标准，无形中给了中学班主任更大的压力。有56.7%的班主任表示自己经常有疲劳感。心理压力大是造成疲劳感的首要原因，其次是工作量大。有65.1%的班主任感觉到自己精力下降，46%的班主任感觉注意力衰退，43.3%的班主任不自信，常常怀疑自己做得不够好或做错，有38.2%的班主任甚至觉得郁闷。调查对象中表示没有心理压力的只占1.5%，感觉心理压力很大的却占了39.5%，这是个值得重视的问题。工作量大、升学压力、教学成绩、经济状况等都会引起班主任的心理压力。当前教育科研在中学搞得轰轰烈烈，教育科研对于提升教师素质、提高教育质量确实有不可低估的作用，然而在中学搞教育科研，班主任们往往

有足够的实践经验而缺乏必要的理论素养，所以总是感觉特别辛苦，心理压力大，经常失眠。不失眠的只占12.2%，经常失眠的占12%，遇事失眠的占71.6%。这与工作压力大、班主任自身缺乏自我调节的办法、交往面较窄、承受能力不强等有关，而失眠又是导致身体抵抗力下降、注意力不集中、记忆力衰退的罪魁祸首。面临教师岗位聘用制、末位淘汰制等岗位竞争和就业压力，面临着提高自身素质、向素质教育靠拢及参加各种达标考试、培训的压力。现在的师生关系发生了很大的变化，在管理学生方面班主任也遇到了前所未有的困难，这种种压力和负担似乎是没有尽头的，而在长期的沉重负担和巨大的心理压力下，很多班主任都感到疲惫不堪。很多班主任反映，为了工作，班主任承受着越来越大的心理压力。望子成龙是所有家长的共同心愿。面对社会的激烈竞争，家长对学校和老师的期望更为强烈，这也成为班主任们面临的最大压力。班主任这个职业的特殊性，使他们承载了太多的期望和社会责任。

- **锻炼少，保健意识不强和保健知识的缺乏，影响中学班主任的身体健康**

作为知识分子，班主任们都积极要求上进，希望自己有所作为，常常是勤勤恳恳，忘我地工作，由于长期的忙碌，不少班主任已远离了锻炼。班主任的社会交往面较窄，休闲活动也很单一，大多数的班主任有空就在家看电视或上网，或睡觉。看电视与睡觉比例偏高的原因主要是因为工作太累的缘故，由于工作累而不想锻炼，由于缺乏锻炼导致身体健康状况不佳。部分班主任自身缺乏保健和锻炼的意识，饮食不够合理，生活没有规律，经常熬夜等，致使机体免疫力下降。从心理学角度说，有的班主任抗焦虑程度低，不能忍受困难与挫折的考验，有的班主任人际关系不和谐，不能接受新事物等，使自己长时间处于紧张状态，身心健康受到影响。

扩展阅读 / 班主任常见疾病的预防方法 /

- **慢性咽喉炎的预防**

首先要讲究科学用嗓，讲课时嗓音适度，气沉丹田，改胸式呼吸为腹式呼吸。讲课中适当注意音量，掌握正确的发音方法。正确的发音应由身体多部位共同作用，运用腹部、膈肌等的力量，调动体内的气息，以达到最佳的共鸣效果，使嗓音洪亮有力，还能最大限度地减少声带损伤，切忌太大声或急切地说话。课间休息时尽量让声带休息一下。平时可常饮温开水、茶水，如绿茶、菊花茶等；常含润喉片，多吃水果。日常饮食重在清肺养阴，化痰散结，要多吃清、润的食物，多食用蛋类、萝卜、丝瓜、绿豆、莲藕、香蕉、梨等清热去火的食品。少吃辣椒等刺激性食物以及巧克力等糖分高的食物。尽量少抽烟、少喝酒。必要时可用薄荷口含片润喉，以刺激唾液分泌，润滑喉咙，减轻痛苦。对于急性发作者，可适当运用抗生素及激素治疗。许多教师在有咽喉部症状的时候，往往会故意压低声音，憋着嗓子说话，这样做不但不能减轻声带负担，反而会加重声带磨损。想保护喉咙和声带，应按照平时正常发声，音量可以适当降低，以避免不均匀的气流对声带的影响。提醒老师们：多跑步、打球，多做锻炼，这样不但能增强体质，还会增大肺活量，为吸气、呼气和发音奠定良好的基础；平时要注意天气变化、保持口腔清洁，戒烟少酒，少吃过热、过凉和辛辣的食物；感觉咽喉不舒服尽量少说话，少大声说话；尽量少吃煎炸等易上火食品；多喝温开水；保证良好的睡眠；将胖大海或者金银花泡水饮用，多吃煮花生和蒸雪梨。

- **颈椎疼痛的预防**

教师们应尽可能保持自然的端坐姿势，头部略微前倾，保持头、颈、胸的正常生理曲线。尽量避免长期不变的伏案姿势，每隔一两个小时就稍休息一会儿，应抬头向远眺望半分钟左右，还可以做一些扩展胸部、扭动腰肢、活动四肢的小运动，做做颈椎保健操，让颈部前屈、后伸、左右旋转及回环运动。避免颈部长时间保持一个姿势，经常做颈部保健操可以促进颈部血液循环，这样既可消除疲劳感，又有利于颈椎的保健。在使用电脑时，应该尽量使用略低一些的座椅，以免长时间低头。感到腰酸背痛时最好热敷疼痛部位20分钟，休息时应该用合适的枕头垫好颈部，以免破坏颈椎的生理前弯。睡觉的时候，枕头可以偏高点，尽量松软。另外，班主任们应该养成主动进行体育锻炼的习惯，多参加适宜

的运动，以增强腰部力量和稳定性，减少腰部损伤的发生。建议每天做半小时左右的慢跑、打羽毛球等体育活动。体育锻炼是锻炼肌肉、维护肌肉，增强肌肉抗损伤能力的最好方式。在长时间处于某种姿势后，最好选择跟其所处姿势反方向的运动，这会让长时间处于受力状态的肌肉松弛下来。

- **下肢静脉曲张的预防**

站立时最好不要总是两条腿一起来支撑全身的重量，要尽量经常让两条腿轮流休息，在情况允许时还可以做些踮脚和下蹲动作。此外，按摩腿部也可以预防静脉曲张。每天晚上最好用热水烫脚。提醒：尽量避免久站或久坐不动，注意劳逸结合；讲课时有意识地多走动，以促进血液循环；注意饮食，适量饮水，保持健康的体型；偏矮偏胖体型的教师患下肢静脉曲张的几率更高。建议患病教师卧床休息时有意识地抬高患肢，进行局部按摩以减轻胀痛感，也可使用三七粉、云南白药来减轻病痛。此病的预防应从脚下着手。一是赤足：在条件允许的情况下，下班回家后，将鞋脱掉，赤足或穿拖鞋行走，可以改善足部血液循环，并使足部肌肉得到锻炼。二是穿平跟鞋：平跟鞋有助于预防静脉曲张，在体育锻炼时一定要穿有海绵垫的运动鞋或旅游鞋，对缓解腿部压力，预防静脉曲张很有帮助。三是站立工作者在工间休息时，宜将鞋脱掉，双脚抬高，足部要高于心脏30厘米以上，下班回到家后也应将双脚抬高15分钟，缓解血液对下肢的压力。四是长久站立工作者及患早期静脉曲张的人应在工作时间穿着长筒弹力袜，以促进血液回流。五是在上厕所时看书报，这是很不好的生活习惯。上厕所时看书报，蹲的时间长会给下肢静脉增加负担，造成血管内滞血，因此这种习惯一定要改掉。预防静脉曲张，除了减轻足部的压力，还要加强运动，散步、慢跑、骑自行车、游泳，这些都是增强肌肉、减少脂肪和培养耐力的好办法，已有静脉曲张的人也能够从中受益，而其中最好、最简便的办法是坚持步行，每次15分钟，每日4次。通过坚持运动，注意日常生活习惯和良好的工作保护，再加上合理饮食，注意少吃高脂、高糖、高盐食物，都对下肢静脉曲张具有良好的预防及减轻作用。

· **脑力疲劳的预防**

教师因长期用脑（备课、批作业）容易引起脑的血液和氧气供应不足，使大脑出现疲劳感。主要表现为头昏脑胀，食欲不振，记忆力下降，注意力不能集中。预防对策：多梳头，多喝水，放松神经，做几次深呼吸，每次大约3—5分钟，脑疲劳会立即缓解，工作效率会提高；每周散步3—4次，每次30—45分钟，或一星期进行3—4次户外活动，每次30分钟。

总的来说，班主任常患的病多为慢性病，难以根治，关键是预防。如果患病，应及时到医院就诊，在医生的指导下进行治疗。

提高健康意识，加强健康观念

由于工作特点的原因，中学班主任往往都是起早贪黑，不仅从事着脑力和体力双消耗的紧张工作，还承担着沉重的工作压力，这一点在高中班主任中尤为突出，由此带来的健康隐患也是多方面的。所以无论是学校，还是班主任自己都应该提高健康意识，加强健康观念。

[学校的健康措施]

为了实现“人人享有卫生保健”的宏伟目标，真正拥有一支政治觉悟高，身体素质好的优秀班主任队伍，学校应加强班主任卫生保健工作。

· **提高认识，加强健康观念，进一步强化“健康第一”的思想**

“健康第一”的思想是学校卫生保健工作的核心，也是教育深入改革的需要，各级各类学校领导理应端正态度，重视班主任的卫生保健工作，确立各校的班主任

卫生保健目标，真正把提高班主任健康水平工作落在实处，落实到每一位班主任身上，真正体现出“以人为本，健康第一”。除此之外，倡导健康生活方式十分重要，学校可考虑开展健康理念教育，树立健康第一的思想。邀请健康专家来校进行健康专题讲座，为教职工进行健康理念的宣传和灌输，让大家有新的健康概念，改变原有的不正确观念，从而树立正确的健康理念。学校开展健康理念教育，由校级领导进行有关健康讲座活动，强化教师健康意识。利用各种形式开展健康教育宣传，搜集各方面的相关资料，定期向班主任们发放宣传，加强大家对各种常见疾病的预防和控制常识，提高防病意识。利用学校橱窗张贴宣传相关疾病防治知识，卫生室定期制作健康小报，让大家的理念不断地潜移默化，巩固认识。开展健康教育活动，让每个教师职工都能够积极主动地参与到健康活动中来。不仅教给班主任们健康保健的常识，也使健康观念深入班主任的内心，提高他们自身的健康意识，关爱自己。

- **学校应把班主任一年一次健康体检纳入年度工作计划**

做到“未病先防有病防变”。学校在注重中、老年班主任健康的同时应加强对青年班主任健康的认识，转变他们还年轻身体没问题的观念，建立健全班主任个人健康档案，学校应掌握每位班主任的健康状况，完善校医室的诊疗设备，提高校医技术水平，让校医室真正成为班主任健康医疗保健服务的家园。

- **制定的规章制度多为班主任的健康考虑**

要以人为本，实施人性化管理。比如作息时间的安排上，要尽可能让班主任们在晚上12点之前休息，因为人体造血的最佳时段，是从下午天黑之后到午夜一点。工作量上不要提出不科学的过高要求，比如撰写教案的量、每周批改作业的量要适量科学，真正减轻班主任工作量上不必要的压力。

- **加强学校的体育设施建设，创造优良的活动场所**

据了解因受场地限制，班主任们的锻炼方式往往仅限于跑步和打球，专为班主任而设的娱乐设施寥寥可数，有些班主任尽管想坚持锻炼，但由于场地所限，有时就罢了。所以，学校应该加强学校的体育设施建设，创造优良的活动场所。比如通过在校内建设健身房、健身场地、购置健身器材，组织班主任进行体育锻炼、体育比赛等方式，想方设法地引导和帮助班主任改善健康状况。

人的健康并不代表一切，但失去健康便将丧失一切。中学班主任健康保健工作，虽然不能给学校领导带来辉煌的业绩，但它却是学校要取得辉煌业绩的保证。总之，学校管理者只有设身处地为班主任身心健康着想，班主任的身心健康才有保障。而只有班主任有了健康合格的体魄，才能胜任繁重的教育教学工作。我们的事业需要的不仅仅是工作热情，更需要健康的体魄。让班主任们拥有健康的体魄，在快乐中教学，在笑声中深入，在实践中得到提高，这是我们教育事业要取得长足发展的基本保证。让我们的班主任运动起来，健康地工作着，工作并快乐着，幸福到永远。

身边的故事 ／

这年头，什么新鲜事都有，这不，某中学家属区楼下的空地入口处挂上一条横幅，上写：一元健康运动。那片空地本来是用来停车的，可小区的老师没几户有车，承包停车场的人总是亏本。如今，接手的外地人突发奇想，安装了篮球架、球桌，营业内容就是，只要花一元钱，就可以进行一小时运动，比如在里面跑步、打球等等。按理说，这是个好主意，花一元钱就能锻炼得大汗淋漓，这对健康大有好处，不料，老师们却毫无兴趣，愿意进去锻炼的人寥寥无几，甚至有人说："去那跑步还要花钱，神经病。"空地的老板抱怨说："你们这里的人，健康观念太差了，这么好的场地居然没人来锻炼，原本我想，如果来的人多了，我再加几张球桌，现在看来，支撑不了几个月我就得走人。"果真，没几天，那条"一元健康运动"的横幅被摘下，那位老板也带着不解离开了。没过多些日子，有个口服液厂家在空地做保健品的推广活动，还请了"专家"来讲座。其实，所谓的健康讲座就是为了卖东西。来听讲座的人挤满了空地，为得到促销装，有人扭伤了脚，真是滑稽。同样是为

了健康，花钱买保健品，大家趋之若鹜，可谈到运动，哪怕只花一元钱，也没人买账。

想一想 ／

“一元健康运动”为什么“无人问津”？花钱买保健品为什么“趋之若鹜”？

分析 ／

上述故事表现出两个信息。老师们愿意花钱买保健品说明他们有健康的意识，认识到了健康的重要性；而不愿意参加“一元健康运动”说明他们还没有认识到锻炼对健康的好处。这充分说明了，老师们的健康观念还存在一定的问题。因此，“提高健康意识”提高的应该是正确的健康意识，“加强健康观念”加强的应该是正确的健康观念。

[自我的健康措施]

“在健康的时候不知道保健；在亚健康的时候不知道调理；在患病的时候才知道治疗，但已悔之晚矣……”对班主任个体而言，在无法改变外界压力的情况下，增强锻炼和自我保健意识显得尤为重要。首先要有更新意识，提高综合素质，迎接竞争与挑战。同时，要妥善安排时间，合理分配精力，提高工作效率，避免身心经常处于疲惫状态。还要积极参加体检和锻炼，养成良好的卫生行为习惯，注意膳食平衡，学习心理保健知识，形成良好的心理素质。

· 提高健康意识

什么是健康意识呢？健康意识是指人们对健康的信念和观念，即人们对健康价值的态度和能否健康的信心。正确的健康意识：健康是金，可以带给你金钱和财富；健康是人生的核心资本，它的增值作用就像核裂变一样释放出巨大能量，美化你的生活，造福于全社会；健康是资源，可以开发、积累和增值；健康是幸福，蕴含着快乐、温馨、财富、潜能、活力和生命的源泉，也是厚爱幸福的必要条件；健康是长寿的基石，长寿因健康才有意义；健康是美的境界，是赋有魅力的动态发展的主题；健康是神圣的人权，是人们生存、发展、享乐的基本条件，必须尊重和捍卫；健康是事业成功的保证。总之，健康是人类生存和发展的主题，健康是执着的探索，健康是人类自始至终不懈的追求和创造自身的最高境界。伴随着社会的进步，人们对健康的认识还在不断地探索着。步入21世纪的中国要全面建设小康社会，人们比以往任何时候都更加关注健康、追求健康、享受健康。健康不仅属于个人，也属于社会。健康不能代替一切，但没有健康，就没有一切。班主任们只有从这个高度去认识健康、理解健康，才会自觉地去珍惜健康、学会健康、保护健康，打造出一个健康的世界。

- **树立健康理念，强化锻炼意识。**

虽然当前班主任们对健康越来越重视，但是，对于健康的理解也存在一些误区，有些班主任认为吃得好了，身体就好了；有些年轻班主任认为，自己年轻，身体好，用不着锻炼身体；还有的班主任只顾自己的工作，没有时间，不顾锻炼身体，不注意自己的身体健康，忽视体育锻炼。为解决这一问题，我们应该对班主任加强健康理念教育，让班主任们树立“三个健康理念”，提高认识，强化锻炼意识。

> *树立“身体是革命的本钱”的理念*

要明确强健的体魄是工作学习的承载体，是科学、教育的基础，旺盛的精力也必须寓于健康的身体。精力充沛才能使心智训练在生活中有用。要明确，一个人的身体决不仅仅是个人的，要把它看作是国家的社会的宝贵财富。凡是有志为社会、为教育事业奋斗的班主任们就一定要十分珍惜自己的身体，养成随时随地锻炼身体的习惯。

> *树立“健康是金子”的理念。*

这是世界卫生组织早在1953年提出的主题口号，告诫全人类像对待金子一样珍爱生命，珍爱健康。21世纪是以人为本的世纪，是人类健康的世纪。健康已成为人类

永恒的追求，成为人类的无价之宝，成为社会最大的财富。生命的珍贵在于它的不可逆转。一旦失去健康，就会存在失去生命的危险，再先进的科技手段也无法使受损的机体恢复到原来的状态。金子如果失去了还可以“千金散去还复来”，而人的生命和健康是一条单行线，恰似“一江春水向东流”，“奔流到海不复回”，很难再生。人一旦失去健康，就失去了一切。所以我们必须更加珍惜自己的生命和健康。

> *树立“生命在于运动”的理念。*

“流水不腐，户枢不蠹”，这是富有哲理的千古名言。人同机器一样，经常运动才能不生锈。生命在于矛盾，在于运动，一旦消除矛盾，运动停止，生命也就结束了。俗话说：“坚持锻炼，青春常在；早起练长跑，年老变年少。”就是这个道理。因为体育运动能使身体的各部位、各种主要肌群、各大关节都得到充分活动，五脏六腑也能得到一定程度锻炼，从而使身体得到全面的锻炼。运动是一切生命的源泉。因此，体育运动是健身长寿，预防疾病的极为重要的手段和方法。

通过健康理念教育，使班主任对健康的认识不断深化，对一些问题逐步得到消除，锻炼意识不断强化，参加体育健身活动的自觉性不断增强，身体素质不断提高。

- **养成有规律的生活习惯，合理安排膳食结构。**

顺应生物钟的运转规律作息，进食、工作与休息时间相对稳定，食物选择多样化，以谷类为主，多吃蔬菜、水果、薯类、豆类及其制品，饮酒限量，饮食与体力活动要平衡，保持适宜的体重。此外，充分用紧张工作中的零散时间，找一种简单的锻炼方式，如打球、慢跑、做操。也可以找一种怡情的放松形式，如听音乐、画漫画、练字等。时刻保持一种乐观向上的良好心态及健康的情绪，既可促进血液循环，又有利于肺部气体交换，也有利于脑部放松。随时随地关注健康，只要持之以恒，你就拥有健康。要健康，靠自己，最好的保健医生是自己。千万不要把自己的健康交到他人手中，把健康牢牢地掌握在自己手中，才能真正主宰自己的健康。让健康释放出巨大的能量，去美化人生，造福社会。

扩展阅读 / 提高健康意识从健康的生活方式开始 /

据世界卫生组织的一项研究显示：“大约在2015年，发达国家和发展中国家的死亡原因大致相同，生活方式疾病将成为世界头号杀手”。所谓生活方式，简而言之即怎样生活。我们提倡提高健康意识，而提高健康意识应该从健康的生活方式开始。健康的生活方式包括如下内容：

- **良好的饮食习惯**

讲究饮食卫生，可减少疾病的发生，反之，容易感染疾病，影响健康，特别是影响老年人长寿，一场不起眼的感染性疾病也会夺去人们的生命。科学饮食不可忽视。饮食物品多样化、粗细搭配科学化、一日三餐合理化、饮食结构营养化是十分重要的。实践证明，人们的很多疾病是“吃”出来的。合理进食新鲜蔬菜、水果、鱼类、豆类及海藻类食物，肥胖者适当节食等积极措施，可以降低心肌梗塞、中风、糖尿病、高血压等病的发病率。良好的饮食习惯，有益于机体神经系统、免疫系统、内分泌系统等处于良好的稳定状态，对长寿十分有利。

- **良好的睡眠习惯**

良好的睡眠习惯，适时的午睡，对人来说是很好的“充电”。长期睡眠不足，或睡眠没有规律，都会导致人体的免疫系统，脏腑功能异常，发生一系列疾病。据美国癌症协会对睡眠状况的一次调查统计表明，人们的睡眠情况与睡眠长短有一定的关系。统计资料表明，每天平均睡眠7−8小时最符合人们的生理要求，因而最能达到长寿。而每天平均睡眠少于4小时或超过10个小时者，则不利于长寿。

- **清晨必做三件事**

第一件事：深呼吸。清晨睡醒后，不忙起床，静卧5分钟后，先向左侧，再向右

侧，最后仰卧，其间共伸3次懒腰，使关节充分舒展活动。然后，大打哈欠3–5次，随即起床到僻静宽敞处，伸臂踮足连续进行10次深呼吸运动，尔后，哈哈大笑一次（总共用4分钟左右）。第二件事：四方眺。立定，两眼平视，先向东远眺；然后，半闭目低头、转身再向南远眺；再进行半闭目低头，转过身向西远眺；最后，半闭目低头再转向北远眺（总共也用4分钟左右）。第三件事：净大便。尽可能做到每日清晨大便一次，养成习惯。大便时，最好回忆前些天最高兴、最愉快的事情，或想着今天和未来最美好的事情。这种精神和情绪的变化，有助于肠蠕动，能事大便通畅和尽快排除（一般用3–5分钟）。长期坚持做好"清晨三件事"的好处在于：活动了关节，排除了废气，增强了肺活量，锻炼和保护了视力，改善了中枢神经系统功能，从而加强身体各器官的协调作用，达到健身的目的。

关注脆弱部位，提高保健意识

很多年轻班主任，刚参加工作，也正逐渐成为学校的骨干力量。按理说，这个年龄段的老师应该是身体倍棒。可是，这些年轻力壮的班主任其实是很脆弱的。

[中学班主任需关注的脆弱部位]

- **咽喉**

粉笔烟尘这东西让班主任老师们吃够了苦头，纷纷中了慢性咽喉炎的招。虽然无尘粉笔的粉尘要少一些，减少了班主任患咽喉炎的几率，但长此以往地接触仍使得班主任咽喉炎的发病率比其他行业高得多。除了咽喉，声带也是班主任"容易受伤"的部位之一。常见的声带结节是由于声带长期连续使用，或发音方式不正确，造成左、右声带不当的撞击，增生结节。表现为喉咙痛、说话声音沙哑。班主任长时间讲课引起声带疲劳过度、边缘充血而导致声带息肉、声带小结，往往使发声嘶哑或困难，所以，咽喉成为班主任们的一大脆弱部位。

- **双腿**

一般来说，班主任总是站着讲课的时间比较多。从中医“久立伤骨”的医学理论解释说，班主任站立时间过长，腿部肌肉长期处于紧张状态，会使下肢血液回流受到影响，造成下肢肿胀、疼痛，轻微表现为小腿疼痛，严重者甚至影响走路，还会引起静脉曲张。一些老班主任常会出现小腿血管暴露，弯曲如蚯蚓，浅表色素斑块等症状。所以，双腿也是班主任的脆弱部位。

- **颈、腰椎**

班主任备课和批改作业需要长时间伏案工作，会使腰肌和颈椎一直处于紧张状态，时间久了会造成慢性腰肌劳损和颈椎疾病。因为写黑板需要抬高手臂而造成颈背部筋膜炎及肩部旋转肌肌腱炎，如果不处理，除酸痛加剧外，更会演变为颈椎退化性关节炎或肩周炎，颈椎不时酸痛，严重时肩膀、背部出现无力感，甚至头痛，手臂无法抬高。颈、腰疾病在班主任中十分常见，因班主任伏案批改作业、备课时间较长，一些年轻班主任因坐姿不正确，更是“趴”案工作，如此这般导致颈椎侧弯，腰椎间盘受力不均，久而久之则出现颈腰疾病。因此，颈、腰椎成为班主任的又一脆弱部位。

- **心脑血管**

中学班主任工作时间长、用脑过度、平时又不太注重膳食搭配，吃饭没个准，缺乏体育锻炼，再加上现在升学竞争激烈，班主任因工作压力加重而导致巨大的精神负担，易引发与情绪不稳相关的脑血管疾病，出现头晕、失眠、早醒等症状。正常人在睡醒后会有轻松感，但许多班主任普遍感到困乏，严重的还会脾气暴躁，长期的情绪紧张，出现高血压、高血脂等病。现在，神经衰弱、脑动脉硬化症不仅“缠”上了老班主任，连一些青

年班主任都不放过。所以，心脑血管也是需要班主任们关注的脆弱部位。

· **消化系统**

在中学班主任中，胆囊疾病的发病率可以达到17%左右，胆结石患者也可以达到12%以上，脂肪肝患者更有两成。再加上胃炎、胃溃疡人群，消化系统疾病在班主任的常见病中也占据了不容忽视的地位。班主任肠胃如此脆弱，与工作繁忙、运动较少、饮食严重无规律有关。

身边的故事 ／

某中学班主任杨老师是一名数学老师，常需在黑板上书写、绘图进行讲解。在40—45分钟的一节课里，就要擦写数次，下课时，往往在手上、袖子上，甚至头发、肩膀上都留下一层白色粉笔灰。天天如此，年复一年，工作20—30年后，消磨了数以万计的粉笔，不可避免地从鼻孔吸入一些粉笔灰。杨老师担心自己吸入了那么多的粉笔灰会导致很严重的疾病，整日忧心忡忡。

想一想 ／

吸入粉笔灰是否致病?

分析 ／

粉笔是由石膏制成的。石膏的成分是硫酸钙。石膏性能稳定，无毒。数千年来，中医用生石膏煎服，外用熟石膏敷患处。认为能清凉解热，生津止渴，生肌敛疮。用粉笔书写板书，是将石膏粉末涂在黑板上。擦拭黑板时，石膏粉尘（粉笔灰）在空气中短暂飘扬后坠落在黑板附近的物面和地上。其颗粒较大，多在100微米以上，较重，落下较快，在空中飘浮时间短。据劳动卫生有关资料，生产、生活环境空气中的粉尘微粒，直径在10—20微米以上者，经鼻孔吸及时多数被鼻毛、鼻、咽、喉部阻挡，附着在黏膜小气道及肺泡。若为对机体有害的物质（如二氧化硅、石棉），在肺泡及小气道中积存较多，将对人体造成损害。由上述可知，粉笔灰尘的颗粒较大，大多不会吸入到下呼吸道，又加上石膏本身对人体无毒，医学界至今也尚无因吸入粉笔灰引起肺部疾病的报道。我国劳动卫生部门，在职业尘肺的有关规定中，也没将粉笔灰作为肺的病因。尽管粉笔灰对人体并无大害，然而我国数以百万计的教师，每天都要用粉笔作板书，每天都生活在擦拭黑板后的粉笔灰尘中，仍可引起鼻、咽、喉部不适。

[中学班主任脆弱部位的保健方法]

中学班主任要做到有效地预防和治疗自身疾病，促进身体健康，应注意学习一点有关的卫生保健知识，学会按科学规律办事，这是提高中学班主任健康水平的一个重要因素。中学班主任的工作有三多三少，即说话时间多、站立时间多、伏案时间多；运动时间少、休息时间少、放松时间少。由此容易产生的疾病是咽喉炎，腿部静脉曲张，颈腰椎病，神经衰弱和胃病等。那么，怎样来预防这些疾病呢？

- **咽喉的保健方法**

首先，注意嗓子保护。一是讲话时间不宜过长，讲课中，注意声量，切勿太大声或急切地说话；课间休息时让声带也休息一下；特别是患感冒，身体疲劳，女班主任经期更应少讲话，切忌大声喊叫；二是常用温开水、薄荷口含片润喉，以刺激唾液分泌，润滑喉咙；尽量少吃辛辣刺激性食物以及巧克力等甜的食物，不吸烟，不喝酒；常饮茶最好用中药胖大海泡水喝；三是修正讲话的方式。班主任老师要想保有圆润的嗓子，最重要的就是修正讲话的方式，胸式呼吸改为腹式呼吸。四是患急性咽炎时要及时治疗。

若不慎患上了慢性咽炎，建议：轻度的一般只要注意保养，平常少吃辛辣刺激性食物即可。一旦情况较重，要去医院对症治疗。若不慎患上了声带小结、声带息肉，

建议：不同教龄的班主任，应分别对待。刚进入班主任队伍的新班主任其声音嘶哑，往往是由于发音不正确，肺阴被伤，声带得不到濡养之故。治疗的方法较简单，首先注意要运用正确的发声方法，其次是恰当的防护，可用玄参3g、麦冬3g、赤芍3g、生甘草1g泡水代茶饮，一天一副，五副一疗程，如二疗程以上不见好则应就医。对于老班主任的声带小结或息肉则用不同的治法。老班主任的发声方法已定型，小结或息肉也已成痼疾，很难自行消退，一般主张手术疗法。中医治疗也非常普遍，不过效果一般。如果采取正确的中医方法可避免手术之苦，疗效也是非常好的。老班主任的小结或息肉不仅是声带疲劳，有些是因学生不听话，不断提高嗓音，导致气、瘀、痰互结而至。针对这个原因，采用重化痰辅以理气、活血的方法取得较好的疗效，主要应用的药物是海藻、昆布、赤芍、佛手、梅花、玄参等，治疗的时间大约在15–30天。

· **双腿的保健方法**

首先，注意下肢保护。站立讲课腿部肌肉长期处于紧张状态，血液回流不畅，容易导致下肢静脉曲张。青年班主任如不注意，老之来临时，便会出现小腿血管暴露，弯曲如蚯蚓，重者下肢可能出现浮肿，乏力，小腿皮肤溃疡等。要预防，一是减少站立时间，讲课时最好不要用两条腿一起支撑全身的重量，应将身体重心由一只脚交替移到另一只脚上，让腿脚得到适当放松，也可慢步走动；课间休息应活动双腿，促进血液循环；下课后及时换上舒适的鞋子，改善足部血液循环；休息时可将腿抬至高于心脏平面，以缓解双腿承受的压力，让血液尽量流回心脏；二是日常可穿用于预防小腿静脉曲张的弹性袜，并多做促进腿部血液循环的运动，加强肢体锻炼，如慢跑，打太极拳，做体操，散步或按摩腿部等；三是晚睡前用热水泡脚，并自己按摩一下，既能疏通下肢血管，解除疲劳，又能使你安然入睡。

班主任们要想预防静脉曲张，要从护脚开始。平日上课时一定要穿平跟鞋，下班回家后要抓住任何可赤脚的机会随意行走，这样可以改善足部血液循环，并使足部肌肉得到锻炼。尽量减少站立时间，要注意选择合适的运动。不要参加强体力的运动，尤其是健身房里锻炼肌肉会增加静脉受到的压力。最好的运动办法是步行，每日4次，每次15分钟为宜。在休息时，可将双腿抬高，足部要高于心脏30厘米以上，坚持15分钟，这样可以缓解血液对下肢的压力。睡前用热水泡脚，并自己按摩腿部。还可以使用弹性袜、运动、饮食及生活作息的改变来预防静脉曲张的范围扩大及减轻其症状。如果已经有静脉曲张者可进行走路、游泳、脚踏车等较缓和的运动，除能改善血液循环外，还能降低新的静脉曲张发生的几率。在饮食方面，应多吃高纤、低脂饮食及加强维生素C、E的补充。在日常生活方面，则应控制体重，避免服用避孕药、避免穿着过紧的衣物及高跟鞋、跷二郎腿及避免久坐或久站。每天睡前将腿抬高一段时间，睡觉时可侧睡左边以降低骨盆腔静脉的压力。抽烟会使得血压升高及动、静脉受损，静脉曲张的病人应立即戒烟。有些患静脉曲张的男教师平时喜欢抽烟的习惯也应该改一改。

- **颈、腰椎的保健方法**

首先，注意颈、腰椎保护。伏案久坐易患颈、腰椎疾病和痔疮，伏案备课或批改作业也易使体质变弱，视力下降，工作紧张易患神经衰弱和失眠。久坐还可导致血液在动脉沉积为高血压、冠心病埋下隐患。预防这些职业病除领导关心，定期体检外，班主任本人也要注意，热敷疼痛部位可获暂时缓解，最佳的方法是调整工作中的姿势与时间长度。伏案时间不宜过长，一般一个小时左右就可放松3–5分钟，中间做些扩展胸部、扭转腰肢、活动四肢等运动。眼睛疲劳时，可上下左右活动眼球，也可站在窗口或阳台极目远眺，可解除疲劳。适度的运动与充分的休息，才能预防骨骼肌肉的病变。

颈、腰疾病在班主任中十分常见。预防颈椎病，班主任平时要有保护颈椎的意识。板书应写在黑板上的适当位置，不宜过高。伏案工作，每隔一段时间要起来走动，并做颈部保健操，让颈部前后左右轻缓地转动，促进颈部血液循环，避免颈部过

劳。坐姿要正确：胸离桌一拳，二肘自然弯曲，平放于桌面，头正，身直，这样能保持颈椎不偏曲，重心能落在椎间盘的正中，而不致椎间盘突出。如果已经出现比较明显的症状，应去医院对症治疗。但在治疗的过程中自己应积极应对：颈腰椎的病人一般不宜睡席梦思、坐沙发。枕头高度要适宜，可保证颈椎得到充分休息。我国传统使用的枕头为圆柱形，比较适合颈椎的生理需要，但有的仍嫌过高。市场上卖的很多枕头一般偏低、偏宽，长期使用可能导致颈部肌肉、韧带和关节劳损，诱发颈椎病。一般来说，枕头的高度以7–10厘米为宜，这个高度大致相当于耳朵到肩峰的距离。这样既能照顾人体的生理曲度，又能使机体得到充分的松弛。在这个高度时，脑电图最早出现平稳的休息波。枕头的宽度以12–15厘米为好，大致为枕骨下缘到第7颈椎（低头时颈部最突出的部位）的距离，长度以超过自己肩宽10–15厘米为好。此外，枕芯的材料要求松软适宜，有一定弹性，并利于蒸发吸汗，常用的木棉、谷壳、芦花、竹丝、蒲绒都不错。鸭绒枕比较适合老年人，但对其过敏者不宜使用。最后提一个简单易行的方法——“倒走”。引起教师颈、腰疾患的原因是长期的前倾、坐姿不正确，而“倒走”能使重心后移，生理曲度得到修正，且不受时间条件的限制，有空即可，每天大约半小时即可。

班主任们保养颈椎、腰椎，应该每隔1小时左右，进行扩胸、扭腰，每天坚持1小时以上有氧运动。颈椎病、腰椎间盘突出，如果不予以重视，久而久之将演变为颈椎退化性关节炎，不仅活动受限，甚至产生头部眩晕。扭扭腰、伸伸手、转眼球，这些小运动都可以缓解疲劳，避免劳损。最好的预防方法，当然是加强运动，每天最好坚持慢跑、骑自行车等有氧运动。太极、瑜伽也有预防颈椎、腰椎疾病的良好效果。如果劳损已经很严重，平时通过热敷或者按摩疼痛部位，能够得到一定缓解。

- **心脑血管保健方法**

神经衰弱应以心理疏导为主，进行自我调节，同时可以配合药物治疗。对于动脉硬化，可以调节饮食与生活规律。饮食应以清淡为主，多吃蔬菜、水果，少吃高脂高糖食物，如动物内脏等。注意营养调节，班主任脑细胞活动很大，这就要求多供给细胞所需的营养物质，如蛋白质、维生素和微量元素等；生活有规律，劳逸结合，平时要积极锻炼身体，增强体质。保持一个健康的生活方式是最基本的。老师们虽然工作繁忙，但每天仍然应该保持一定时间的运动，哪怕一天30分钟的快走上下班都对心脏有很大好处。同时要注意足够的休息时间，许多班主任都有睡眠严重不足的情况。同时，一旦过了35岁，就必须密切关注自己的心血管方面的健康，除每年一次的体检外，如果已经发现有三高类的基础病，那必须积极治疗。

班主任平时工作压力比较大，会经常感觉疲惫不堪。产生疲劳的性质不同，消除疲劳的方式也不尽相同，如果一味睡觉，不仅不能消除疲劳，还可能使疲劳加重。脑力工作者因长时间用脑，容易引起脑的血液和氧气供应不足而使大脑出现疲劳感，这种疲劳为脑疲劳，常表现为头昏脑胀、食欲不振、记忆力下降等。此时，消除疲劳的最好方法不是睡觉，而应该适当地参加一些体育活动，如打打球、做做操、散散步等强度不大的有氧运动，以增加血液中的含氧量，使大脑的氧气供应充足，疲劳会自然消失。活动的强度不宜过大，时间不宜过长，避免再产生体力疲劳。如果出现了轻微的脑疲劳现象，也不必过分紧张，应放松身心，学会科学用脑，做到劳逸适度，同时也可以做一些适量的脑部运动。下面给班主任们推荐一些简单的健脑术。按摩术：全身放松，闭眼静心。用右手中指轻轻点揉眉心，时间是3分钟。用双手中指同时轻轻点揉太阳穴，时间3分钟。用双手食指同时轻轻点揉双耳耳垂后凹陷处18次。如产生大量唾液，可分三口慢慢将唾液咽下，以滋润五脏六腑。用双手食指轻轻按摩后脑玉枕部位，时间是3分钟。拍打术：一旦出现脑疲劳，应立即放松身心，可用双手五指轻轻地拍打头部。注意事项：拍打力量一定要小，最好以无声为度，要用指头而非掌心轻轻拍打发梢，能不接触头皮，效果更好；时间是3分钟。吐纳术：用鼻轻轻地吸一口气，意想自己纳入全宇宙一切轻灵之气；用口慢慢地呼一口气，意想自己吐

出全身心所有秽浊之物。以上为1次，可反复吐纳36次。环境宜清新而宁静，意念宜轻巧而淡雅。此外，摄入以谷氨酸为主的食品补脑。班主任们平日可以多梳头，放松头部。在感觉脑部疲劳时，就做几次深呼吸，每次大约3–5分钟。班主任平日应注意平衡膳食，粗细搭配、荤素搭配。建议广泛食用多种食物，包括谷类及薯类、动物性食物、豆类及其制品等。因为大脑在代谢过程中，需要大量蛋白质不断更新自身，所以脑力劳动者要保证蛋白质的摄入，如鱼、牛奶和其他蛋白质食物等，以保证班主任的精力充沛，提高思维能力。脑组织里的氨基酸又以谷氨酸为主，豆类、芝麻等食品富含这些氨基酸，班主任可根据用脑程度补充这些食品。每周坚持散步3–4次，每次30–45分钟，或一星期进行3–4次户外活动，坚持一段时间后，把身体锻炼好，抵抗疲劳的能力也会加强。

· **胃部保健方法**

慢性胃病在班主任中的发生几率甚高，发病原因主要是工作压力大、精神高度紧张以及饮食没有规律。很多班主任一日三餐安排不当，或不吃早餐，或午餐随便对付，晚餐就暴饮暴食，饥一顿，饱一顿，把胃折腾得不可开交。慢性胃病在每次急性或反复发作时往往由于湿、热、寒、风、燥邪饮食等外因所致，也可由于七情失调内伤而病。中医治疗胃病，切忌“头痛医头，脚痛医脚”，也切勿盲目进补，尤其急性发作期必须首先驱除外邪的内犯，才能更好地调补肝、脾、胃。对于一些久病、杂病或多脏腑虚损、虚实夹杂的胃病患者来说，这点很重要。切勿操之过急，必须先紧抓主要矛盾，攻补得当，才能取得较好的远期疗效。胃病患者要起居有常，生活有度，作息规律，动静结合，神形俱练，饮食定时定量，且要根据气候环境的变化而养生。胃病患者要时刻调节情志，避免忧思恼怒、精神紧张和情绪的大起大落，力求心境恬淡，遇事身心泰然。

合理的饮食结构包括蛋白质、脂肪、碳水化合物和维生素，合理搭配，才能保证营养吸收，面、粥并不是胃病不变的最佳食谱。慢性胃病需要少食多餐，细嚼慢咽，饮食清淡易消化，忌食粗糙、油炸、多渣、生冷、辛辣刺激之品，少食肥甘厚腻；对于大部分慢性胃病患者来说，鱼、蛋、禽、肉只要烹调得当，符合“细、软、烂”都可进食，也有专家建议秋冬季节必要时可预防用药。除了饮食保持清洁、新鲜外，浓茶、咖啡、汽水不仅对胃黏膜刺激大，还能增加胃酸分泌，不利于胃炎症、溃疡的吸收和愈合，还可加重疼痛等症状。有不良嗜好的患者应戒烟、酒，酒精刺激胃黏膜，增加胃酸，造成胃黏膜充血、水肿、糜烂；酒也同样为湿热之邪，久服必然造成腹泻等症。吸烟造成血中尼古丁含量高，不仅胃酸和胃泌素分泌增多，而且减弱幽门括约肌功能，造成肠液、胆汁反流，削弱胃黏膜的防御能力。

扩展阅读 */ 班主任职业病的自我治疗 /*

- **肩周炎的治疗方法**

> *仰头观天*。取直立体位，两手下垂，两脚与肩同宽，头缓缓抬起，仰望天空，仰视角尽量达最大限度，眼睛盯住一个目标，保持这种姿势15秒钟左右。

> *按摩颈部*。取直立或坐式，用双手拇指按揉颈部后侧，先按中间部位，后按两侧肌肉，自上而下，自下而上，反复按揉15次。

> *两目虎视*。用手足撑地，使身体呈弓形。然后转颈回头，左顾右盼，左右各转动15次。要领是：左顾右盼时重在转颈部，不是只转眼睛。

> *摇头晃脑*。将头部进行前、后、左、右的顺序摇晃。如此将头部摇晃一周，再向反方向摇动。左、右各做10次。

> *互相争力*。两手十指交叉，手掌置于颈项后，将颈部用力向前推，颈项则向后挺直，两力方向相反。与此同时，左右转头摇晃5次。放松，停片刻后再重做。

- **胃病饮食原则**

少吃油炸食物：因为这类食物不容易消化，会加重消化道负担，多吃会引起消化不良，还会使血脂增高，对健康不利。*少吃腌制食物*：这些食物中含有较多的盐分及

某些可致癌物，不宜多吃。*少吃生冷食物刺激性食物*：生冷和刺激性强的食物对消化道黏膜具有较强的刺激作用，容易引起腹泻或消化道炎症。*规律饮食*：研究表明，有规律地进餐，定时定量，可形成条件反射，有助于消化腺的分泌，更利于消化。*定时定量*：要做到每餐食量适度，每日三餐定时，到了规定时间，不管肚子饿不饿，都应主动进食，避免过饥或过饱。*温度适宜*：饮食的温度应以"不烫不凉"为度。*细嚼慢咽*：以减轻胃肠负担。对食物充分咀嚼次数愈多，随之分泌的唾液也愈多，对胃黏膜有保护作用。*饮水择时*：最佳的饮水时间是晨起空腹时及每次进餐前1小时，餐后立即饮水会稀释胃液，用汤泡饭也会影响食物的消化。*注意防寒*：胃部受凉后会使胃的功能受损，故要注意胃部保暖不要受寒。*避免刺激*：不吸烟，因为吸烟使胃部血管收缩，影响胃壁细胞的血液供应，使胃黏膜抵抗力降低而诱发胃病。应少饮酒，少吃辣椒、胡椒等辛辣食物。*补充维生素C*：维生素C对胃有保护作用，胃液中保持正常的维生素C的含量，能有效发挥胃的功能，保护胃部和增强胃的抗病能力。因此，要多吃富含维生素C的蔬菜和水果。

适用于班主任的科学保健方法

养生之方，唾不极远，行不极步；耳不极听，目不久视；坐不至久，卧不及疲；先寒而衣，先热而解；不欲极饥而食，食不过饱；不欲极渴而饮，饮不过多。

——【晋】葛洪《抱朴子内篇·极言》

［案例导读］ 女教师写下临终日记 不规律生活警示他人[1]

32岁乳腺癌晚期女教师于娟反思种种生活细节，并忠告大家善待自己的身体。

暴饮暴食伤身体 ／

“我是个率性随意的人，吃东西讲究大碗喝酒、大口吃肉。读书时，导师有六个研究生，我是唯一的女生。但是聚餐的时候，五个男生没有比我吃得多的。即便工作以后，仍然忍着腰痛（其实已经是晚期骨转移了）去参加院里组织的阳澄湖之旅，一天吃掉七个螃蟹。”

日本一项研究成果指出，“每顿都吃得很饱”和“基本上只吃八分饱”的人相比，前者患癌的概率更大。中华医学会心身医学分会主任委员、上海中医药大学博士生导师何裕民教授建议，做到只吃“八分饱”，不妨尝试以下几招：感到有点儿饿就开始吃饭，而且每餐在固定时间吃，这样可避免太饿后吃得又多又快；吃饭至少保证20分钟，因为从吃饭开始，经过20分钟后，大脑才会接收到吃饱的信号；用小汤匙代替筷子，每口饭咀嚼30次以上，减慢速度。

[1] 39保健频道 http://care.39.net/a/2012130/1965388.html

熬夜、晚睡没好处 /

"回想十年来，我基本上没有12点之前睡过。学习、考研是堂而皇之的理由，与此同时，网聊、BBS灌水、蹦迪、K歌、保龄球、一个人发呆填充了每个夜晚。厉害的时候通宵熬夜，平时的早睡也基本上在夜里1点前。"

"长期熬夜等于慢性自杀"的说法并不夸张。英国科学癌症研究中心研究了世界各地1000余名30–50岁的癌症患者，发现其中99.3%的人长年熬夜，凌晨之后才会休息。中国抗癌协会执行委员、山东省肿瘤防治研究院主任医师左文述告诉记者，长期熬夜会影响神经中枢，干扰内分泌，影响免疫机制，让人更易患上癌症。熬夜最好不要超过12点。如果加班到凌晨，最好找一间窗帘有遮光布的房间睡觉，漆黑的环境有助于体内褪黑素的生成。

突击学习、工作太劳累 /

"每当我想起来好好学习的时候，差不多离考试也就两个星期了。我会下死手地折腾自己，把自己当牲口一样，快马加鞭马不停蹄日夜兼程废寝忘食呕心沥血苦不堪言……最高纪录一天看二十一个小时的书，看了两天半去考试。每一轮考试下来，都很伤，伤到必定要埋头大睡两三天才能缓过来。"

淋巴瘤、肝癌、肺癌被列入累出来的癌症前三名。哈尔滨医科大学附属第四医院肿瘤外科孙凌宇表示，过度劳累虽不直接导致癌变，但会导致肝病、肺病反复发作、不断加重，并最终诱发癌症。所以，不要过度劳累，加班不要太晚，工作时间不要过度紧张，每天保证8小时睡眠，周六日保证一定的休闲时间、健身活动，以调适心情。平时也可多做一些净化心灵的活动，如静坐、冥想、聆听心灵音乐等。

于娟老师反思着自己的生活细节，用自己的亲身经历来忠告大家：不规律的生活、不正确的饮食、不进行锻炼、不良的生活习惯会造成无法挽回的悲剧。因此，对于中学班主任来说，进行科学的保健是十分必要的。

做好饮食保健，增强抵抗能力

班主任的工作是累嗓子、累腿、累眼睛、吸粉尘、易疲劳、睡不好，最累的就是大脑。不仅要备课、讲课，更重要的是管理好班级。为了使班主任的身体健康，做好饮食保健工作，增加抵抗能力是十分必要的。

[有益班主任健康的饮食保健]

· **多食清热解毒食物，保护咽喉**

多选食一些清热解毒的蔬菜水果，如南瓜、丝瓜、芹菜、莲藕、橄榄、雪梨、乌梅、莲子心等，对防治慢性咽喉炎有一定的作用。刺激性食物如辣椒、胡椒、大蒜等则应少食，容易引起上火的食物和油炸食物也不要多吃。平时宜多饮中药泡的茶，例如：①胖大海有解热、润肺、利咽、解毒等作用，每次放胖大海3–5枚，可用沸水冲泡代茶饮；②威灵仙茶。取威灵仙30克，洗净水煎，取液保温代茶饮，能消痰散结。多吃润肺止咳食物，能对抗嗓子干哑，例如：银耳能润肺化痰、养阴生津，做菜肴或炖煮食用，可治疗阴虚肺燥、干咳无痰或痰多黏稠、咽干口渴等症，与百合做羹食用疗效尤佳，煮粥凉拌均可；百合能润肺止咳、清心安神，对肺结核、支气管炎、支气管扩张及各种秋燥病症有较好疗效，熟食或煎汤，可治久咳、干咳、咽痛等症，适宜煮粥；梨有清热解毒、润肺生津、止咳化痰等功效，生食、榨汁、炖煮或熬膏，对肺热咳嗽、麻疹及老年咳嗽、支气管炎等症有较好的治疗效果。若与荸荠、蜂蜜、甘蔗等榨汁同服，效果更佳，生吃熟吃均可。除此之外，糯米、葡萄、石榴、柑橘、甘蔗、柿子都是不错的选择。

· **适当增加抗粉尘食物**

班主任经常使用粉笔，会吸入粉尘。因此，班主任在日常膳食中应适当多吃胡萝卜素丰富的食物，如胡萝卜、木瓜、南瓜、西兰花、菠菜、油桃、杏等。胡萝卜素是一种抗氧化剂，有预防尘肺病发生的作用。此外，多吃排毒除尘食物，对抗粉尘侵害，首选木耳：味甘，性平，是排毒解毒，消胃涤肠，和血止血的最佳食物。功效：木耳含有一种植物胶质，有较强的吸附力，可将残留在人体消化系统内的灰尘、杂质吸附，再排出体外，并且对异物具有溶解与烊化作用，能防止和治疗各种异物造成的胃肠不适或病症，所以班主任每周吃两次以上。其次为猪血：味甘，性温，是解毒清肠，补血养容，排毒养颜的理想食物。功效：猪血中的血浆蛋白被人体内的胃酸分解后，产生一种解毒清肠分解物，能将有害粉尘及金属微粒排出体外。另外，猪血富含铁，对贫血而面色苍白者有改善作用。第三是苦瓜：味甘，苦，性平，是解毒，养颜美容的少有食物。功效：苦瓜含有一种具有明显抗癌功效的活性蛋白质，能够激发体内免疫系统防御功能，增加免疫细胞活性，清除体内有害物质。苦瓜虽口感略苦，但余味甘甜，尤其女性应多吃，以利经血调顺。

· **多吃益脑护脑食物**

班主任是属于脑力劳动者，而脑力劳动会消耗大量能量。因此，宜适当补充富含氨基酸的食物和其他蛋白质食物。蛋白质在人体中起着重要的作用，脑在代谢过程中需要大量蛋白质不断更新自身，因此班主任要保证蛋白质的摄入。如豆制品、奶制品、鱼类、瘦肉、海产品、芝麻等，班主任应根据用脑情况适当补充这类食品，既保证脑组织需要，又有增强脑组织功能的作用，以保证精力充沛，提高思维能力。要多吃富含维生素、抗氧化剂的水果和蔬菜，如西红柿、苹果、橙子、大枣、花椰菜等以保护大脑。另外，含磷脂食物能使教师的大脑活动机能增强，提高工作效率。一般每日应补充10克以上的磷脂。含磷脂的食物主要有蛋黄、核桃、大豆、胡萝卜、鱼、肉等。

· 宜多食抗疲劳的食物

班主任长时间站立讲课，下肢肌肉处于紧张状态，产生的乳酸在下肢积聚较多，会出现沉重、酸胀等不适，这是疲劳的表现。故教师日常宜多吃富含维生素C的食物，如水果、蔬菜和豆类等。同时，各种参汤、龟汤，以及大枣、麦冬、桂圆、人参等煎熬的汤剂，也均有消除疲劳的作用。另外，可以多吃利水消肿食物，对抗腿部浮肿。海带：味咸，性寒，是化痰、消炎、平喘、排毒、通便的理想排毒食物。功效：海带中的碘能被人体吸收后，促进有害物质、病变物和炎症渗出物的排除，同时海带含有一种叫硫酸多糖，能吸收血管中的胆固醇，并排出体外。对腿部浮肿、高血压、动脉硬化效果都不错。冬瓜：味甘而性寒，有利尿消肿、清热解毒、清胃降火及消炎之功效，对消除浮肿有良好的治疗作用。连皮煮糖效果更明显。芹菜：有降压、利尿、有消除浮肿，降血压，增进食欲和健胃的作用，凉拌效果更好。茶叶：性凉，味甘苦，是清热除烦，消食化积，通利小便的排毒卫士。茶叶富含一种生物性物质——茶多酚，具有解毒作用。茶多酚作为一种天然抗氧化剂，可清除活性氧自由基，用于保健强身和延缓衰老。

· 多吃养眼护眼食物

班主任经常熬夜备课，批卷子，看书，眼部最容易疲劳；上课时飞扬的粉笔灰易使教师患结膜炎等眼疾，经常感觉眼睛干涩、发痒。因此，除注意休息，正确用眼外，教师要多吃具有养眼护眼、养肝明目作用的食物，如胡萝卜、阿胶、桑椹、黑木耳等。另外，要多吃富含叶黄素、玉米黄素的食物。叶黄素及玉米黄素的食物可明显降低视网膜黄斑变性的危险性，帮助清除和抑制自由基，最佳食物来源是菠菜，及其他绿叶蔬菜和甜玉米，另外蛋黄是这两种物质的另外一种来源。

· 要保证维生素的充足

维生素是人体必需的一种小分子有机物质，机体如果不能合成或合成不足，必

须靠食物供给。维生素对维持人体生理功能非常重要，尤其对于工作紧张的班主任来说，缺乏维生素就会引起精神疲惫衰弱的症状。每天建议多吃新鲜的蔬菜400克左右，瓜果200—300克以保证维生素的充足。

身边的故事 /

一位从教多年的班主任张老师，一直是学校业务骨干，每天备课、批试卷、改作业，忙得不亦乐乎。在学校里忙碌一天后，每晚都要靠按摩来松弛僵硬的肌肉。长时间保持伏案姿势，以致张老师时常感到疲劳。后来，他听同事说有些食物吃了可以抗疲劳，他的同事们食用后效果很好。于是他也开始食用抗疲劳的食物。可是，张老师食用后，并没有起作用。

想一想 /

为什么张老师的饮食保健不起作用，而他的同事却收到了很好的效果呢？

分析 /

饮食上顺应四时，可保养体内阴阳气血，使正气在内，邪不可侵。对于张老师来说，由于生理功能的降低，对四季气候变化的适应能力减弱，科学安排四季饮食，就更为重要。一般来说，根据四季不同，应采取不同的滋补方式。春天万物生发向上，可用升补；夏天炎热酷暑，人喜凉快，宜用清补；秋天气候凉爽，则宜平补；冬天气候寒冷，适宜滋补。所以，在饮食保健的时候，还是有很多注意事项需要注意的。

[饮食保健注意事项]

一年四季，春温，夏热，秋凉，冬寒。气候的变化，会给人体带来不同程度的影响。因此，机体的营养结构要随季节的变化予以协调，注意各个季节的科学饮食及食补方式，合理安排饮食。

· 春季饮食注意事项

首先是正确的早餐。春天人体新陈代谢盛，人们明显的感觉是早晨醒得很早，但现在的人们晚上普遍睡得又很晚，所以会有睡眠不好的现象。吃面条、油条等，这种吃法对班主任来说是不正确的，长期这样往往会使人产生困倦的感觉，早餐应以高蛋白食物为主（一袋奶、一个鸡蛋和粥），还要喝一点咖啡或茶，以提神醒脑。其次是补充维生素。缺乏维生素A就容易患呼吸道和消化道感染，一旦感冒或腹泻，体内维生素A的水平又会进一步下降。维生素A缺乏还会降低人体的抗体反应，导致免疫功能下降。维生素A对呼吸道及胃肠道黏膜的保护作用已得到广泛的证实。从食物中补充维生素A是一种安全有效的保健方法，在众多食物中，最能补充维生素A的当数胡萝卜。所以，春季到来的时候一定要多吃胡萝卜等一些含有维生素的食品。第三是多食食用菌。春季饮食应清淡一些。多吃蔬菜和一些食用菌，如黑木耳、银耳、蘑菇、香菇等。春季是病毒出没频繁的时候，很多病毒都会趁虚而入，进入你的体内，多食食用菌能增强你的抗病毒能力。

· 夏季饮食注意事项

首先要保证蛋白质的充足供给。每天应吃一袋牛奶，一两豆，一个鸡蛋，二两肉，避免因“苦夏”而造成体质下降。其次是多吃蔬菜水果，提供充足的维生素和矿物质。尤其是绿色的叶类蔬菜；如空心菜、小白菜、洋白菜、木耳菜、毛豆等其中含有丰富的胡萝卜素，维生素B_2，维生素C及钙、铁、锌等营养物质，有利于人体生理功能的调节。第三是讲究烹调方法。膳食要易于消化，色香味俱佳，宜多吃些凉拌或调拌的菜肴，可适量加酸、辣味的调味品来调节口味以增加食欲。吃饭时还可以佐食咸菜和风味小菜，既帮助下饭、又可以补充盐分。第四是多食用具有清补和清热祛暑作用的食物。具有清补作用的食物如兔肉，鸭肉、鱼、豆腐、蛋、牛奶、粮食等。具有清热祛暑作用的食物如绿豆、西瓜、冬瓜、苦瓜等。第五是多饮水。如凉白开水、绿茶、矿

泉水等，补充由于多汗而造成的体液缺乏。但要控制过冷饮料的摄入。第六是饮食切忌过凉。冷饮、冰棒、冰啤和冰镇水果均不宜多食。如冰箱里的西瓜，不应取出即食，应在常温下放置一会儿再吃。因为大量过冷食物会造成胃肠血管骤然收缩，引起胃功能紊乱。出现胃肠痉挛、腹痛、腹泻、消化吸收障碍。最后是注意饮食卫生。生吃蔬菜、水果要清洗消毒，不吃腐败变质的食物，剩菜剩饭要充分加热后再吃；不喝生水。

- **秋季饮食注意事项**

秋天，气候凉爽，这时以补肺为重，应当"平补"。可食菱白、南瓜、莲子、桂圆、黑芝麻、红枣、核桃等。菱白降低血脂、解热毒，通二便；南瓜润肺益气，止痛安胎；莲子益脾养心，固精止泻，开胃安神；桂圆治贫血、神经衰弱、产后血虚；黑芝麻补肺助脾、润肠通便；红枣养脾平胃、安中益气、补血益阴；核桃补肾养血、润肺泻肌，防治神经衰弱和腰腿痛。秋天气候干燥，因此秋末冬初可适当服用白木耳、芝麻、蜂蜜、冰糖、梨等食品，以滋阴润燥。脾胃虚弱者，宜食温热熟软的食物。

- **冬季饮食注意事项**

冬天的日常膳食，可适当增加些"肥甘厚味"的食品，但不宜过多。冬季饮食的营养特点，即增加热量，在三大产热营养素中，蛋白质的摄取量可保持在平常的需要水平，热量增加部分，主要应提高糖类和脂肪的摄取量来保证。矿物质应保持平常的需要量或略高一些。增加热量可选用脂肪含量较高的食物。维生素的供给，应特别注意增加维生素C的含量。可多食萝卜、胡萝卜、土豆、菠菜等蔬菜及柑橘、苹果、香蕉等水果。同时增加动物肝、瘦肉、鲜鱼、蛋类、豆类等以保证身体对维生素的需要。

扩展阅读 / 注意营养调配 保证身体健康 /

班主任每日工作紧张，节奏快，精神压力大，脑力劳动重，常无暇顾及饮食营养，容易引起营养缺乏。医学专家认为，班主任应注意营养调配，保证身体健康。

· **保证维生素摄入**

维生素是人体必需的一种小分子有机物质，机体如果不能合成或合成不足，必须靠食物供给。维生素对维持人体生理功能非常重要，尤其对于工作紧张的班主任来说，缺乏维生素就会引起精神疲惫衰弱的症状，因此班主任饮食要保证维生素供给。

· **适量补充蛋白质**

班主任是脑力劳动者，脑在代谢过程中需要大量蛋白质不断更新自身，因此班主任要保证蛋白质的摄入。此外，还应补充一些含谷氨酸高的食品。脑组织游离的氨基酸以谷氨酸为主，豆类、芝麻等食品富含这些氨基酸。教师应根据用脑情况适当补充这类食品，既保证脑组织需要，又有增强脑组织功能的作用。

· **食物不要太咸和太甜**

据调查，一般人如果食盐过多，高血压发病的几率就相对较高；吃糖过多会发生高脂血症和肥胖，进而导致冠心病、高血压、糖尿病等。流行病学调查表明，教师是这些病症发病的高危群体，所以，班主任饮食切忌太咸和太甜。

· **饮食要粗细搭配、荤素搭配**

为了满足班主任每日的营养需要，应保证合理供给机体所需要的能量和各种营养素，因此平衡膳食非常重要，而平衡膳食就是粗细搭配、荤素搭配。因此，专家建议班主任们广泛食用多种食物，包括谷类及薯类、动物性食物、豆类及其制品、蔬菜水果类、纯热能食物。

坚持锻炼身体，保持良好状态

坚持锻炼身体，保持良好状态，对于中学班主任来说是十分必要的。班主任们也知道锻炼身体的必要性与益处。可是繁忙的工作，让他们很难抽出专门的时间从事健身活动，因此，这里就介绍一些在课间、在案头、在家中或办公室就可进行的简易健身法。

[课间锻炼操]

班主任讲课，站立时间较长，利用课间休息十分钟积极地进行锻炼，不仅能有效地消除站立后的疲劳感，而且可以达到强身健体的目的。下课后，班主任可做课间锻炼操来进行锻炼。

> *第一步*：轮换提脚跟。一只脚完全着地，一只脚提起脚跟，前脚掌着地，并用力抬高身体，两脚交替进行，这样，身体重心随着脚跟的提起，从一只脚移到了另一只脚上。

> *第二步*：一条腿直立，一条腿伸直搁在椅面上，脚后跟靠着椅面，绷紧脚面，尽量使脚尖靠近椅面。

> *第三步*：轮换屈伸双腿。一腿直立，一腿屈膝提起，使大腿与地面平行。两腿交替进行。

> *第四步*：放松腿部肌肉，抖动大腿和小腿，可用双手拍打。

> *第五步*：做扩胸运动，使全身放松，头抬起再低下，反复数次。

> *第六步*：挺胸深呼吸，然后收腹深呼吸，反复几次。

> *第七步*：背伸直，头抬起，眼平视，肩部上下活动。反复做5次。

> *第八步*：两肩向前呈圆形，然后，向后扩张。两手手指交叉，将腕向前伸，腕的高度较肩略低。在一次呼吸间，将腕向上举，然后向后伸，肘部要伸直。

> *第九步*：将肘部屈曲，拉向胸部，然后将两肘靠拢。将手腕缓缓甩动，然后手指缓缓屈曲，伸直。

> *第十步*：在椅上坐直，两足张开，两手手指交叉置于头后。

> *第十一步*：下巴向前伸，上体向前屈曲。胸部靠近膝部时，两手下垂，自然呼吸。

> *第十二步*：体重向左移，胸部向左大腿靠近，进行一次呼吸，然后向右移，脸部向右大腿靠近，进行一次呼吸。上体恢复至中央位置，缓缓起立。

> *第十三步*：两膝靠拢坐直，上体向右倒，腰部微弯，肩部肌肉放松。上体还原后向左倒。反复五次，每一侧，进行一次呼吸。

> *第十四步*：两手抬起时，屈曲腕部垂放于肩，上体扭拧，先向右扭，还原，再向左扭，头跟着一起转动。

> *第十五步*：将两手向上伸直，手指交叉，将上体向前弯，手指交叉的两手向头前方伸，深呼吸，两手松开放下。从头做，共5次。

[办公室健身操]

班主任除了讲课，就是坐在办公室批改作业、备课，结合办公室工作实际，做一些健身运动，也有利于身体健康。

- **头部运动**

> *头俯仰*

头用力向胸部低垂，然后向后仰伸，停止片刻，以颈部感到有点发酸为度。如果两手交叉抱在头后用力向前拉，而头颈用力向后仰，则效果更好。

> *头侧屈*

头用力向一侧屈，感到有些酸痛时，停止片刻，然后再向另一侧屈，同样停止片刻。

> *头绕环*

头部先沿前、右、后、左，再沿前、左、后、右用力而缓慢地旋转绕环。练习中常可听到颈椎部发出响声。这个动作有助于增强颈部肌肉。

> *弹脑*

端坐在椅子上，两手掌心分别按两只耳朵，用食指、中指、无名指轻轻弹击脑部，自己可听到咚咚声响。每日弹10—20下有解除疲劳、防头晕、强听力、治耳鸣的作用。

> *梳头*

用木梳从前额至头顶部向后部梳刷，逐渐加快。梳时不要用力过猛以防划破皮肤。这样可刺激头皮神经末梢和头部穴位，促进局部血液循环，达到消除疲劳、强身和促进头发生长的效果，对脑力劳动者尤为重要。

> *摇头晃脑*

颈部由颈椎关节、血管、肌肉韧带等组成，摇头晃脑可使这些组织得到活动。这样，不但可以增加脑部的供血，还可以减少胆固醇在颈动脉血管积沉的可能，从而有利于预防中风、高血压及颈椎病的发生。

· **眼部运动**

眼部主要是转眼运动。在案头工作半小时后，眼睛会疲劳，可做一下转眼运动。方法是向远眺望1分钟，再紧眨双眼数次，也可作转动眼珠运动。这样有利于放松眼部肌肉，促进眼部血液循环，使眼睛休息片刻。

· **脸部运动**

工作间隙，将嘴巴最大限度地一张一合，带动脸上全部肌肉以致头皮，进行有节奏的运动。可以加速血液循环，延缓局部各种组织器官的"老化"，使头部清醒。"咬牙切齿"可以拉动头部肌肉，促进头部血液循环，进而起到清醒大脑、增强记忆的功效。

· **颈部运动**

先抬头尽量后仰，再把下颌伏至胸前，使颈背肌肉拉紧和放松，然后缓缓地做头部周围运动，并向左右两旁侧倾10－15分钟，再让腰背贴紧椅背，两手在颈后抱头片刻，此运动可起到提神的效果。

· **肩部运动**

肩部运动主要是肩耸动。肩部是连接头部的重要部位，但平时肩部活动机会不多。耸肩活动有三种：一是反复进行一肩高耸，一肩下降；二是两肩同时向上耸动；三是两肩一上一下向前后环绕颈旋转。

· **腰部运动**

腰部运动主要是伸懒腰。当身体长时间处于一种姿势时，肌肉组织的静脉血管就会淤积很多血液，这时伸个懒腰，便会促使全身大部分肌肉舒张或收缩。在短短数秒钟的伸懒腰动作中，很多淤滞的血液被赶回心脏，这就可以大大增加循环血液的容量，改善血液循环。

· **腿部运动**

＞腿抬伸

坐着，小腿伸直用力向前抬起，脚面绷直，停片刻，放下，再抬。如果可能，也可臀部离座，全身尽量伸展，停止片刻，还原后再伸。

＞腿部屈伸

坐下后，双腿屈放在椅子底下，脚尖向下着地，尽可能抬起脚跟，左腿向左前方踢出，使脚尖向上。向身体方向收紧，接着收回左腿；再以上述方法踢出右腿，每只腿做4次伸屈动作，再用双腿同时伸屈4次。然后双腿不停抖动约2分钟。这样做促进下肢血液循环，使腿部保持血液畅通。

· **手部运动**

> *手指运动*

使两手五指的关节相碰，由拇指开始，顺序地做下去，直至小拇指，再从小指开始，直至拇指，如此往返，越做越快。

> *举手运动*

将双手高举过头再放下，至少做10次。这样做可以松弛肩胛关节和肌肉。减少因长时间伏案工作而引起的身体疲劳。

> *膝夹手*

两手握拳，拳眼相触夹在两膝间，然后两膝从两侧用力挤压两拳。

· **全身运动**

> *划船运动*

坐姿，双手握拳伸向前方如握船桨，身体向前倾收腹。然后两臂摆至背后，翘起双脚，脚尖向上，脚跟着地，随身体向后移动1–2分钟。

> *体侧转*

坐着，上体缓慢地轮流向左或右侧转动。

> *体放松*

端坐座位上，全身放松，眼微闭（或望着天上的白云）摒除杂念，闹中求静，呼吸自然深长。放松，说起来容易，做起来难。人们在日常生活中大多是处于紧张状态，也习惯于保持这种紧张状态而不自觉，所以全身肌肉都比较僵硬，各内脏器官系统都比较紧张。要想使身体内外放松，最简易的方法是分段放松法，即默想头部和大脑先放松，然后颈、肩部放松，再次是胸部放松，再次是心、肺、胃等内脏放松等。这样默想从头一直到脚一部分一部分地放松。经验证明：练放松功可使全身神经、血管、肌肉全都得到舒松，血液循环畅通无阻，新陈代谢旺盛，既可消除疲劳，又可防治多种疾病。

【身边的故事】

有个中学班主任曾经得了绝症，医生给他下了死亡书，活不到六个月！他很郁闷，整日觉得世界末日就要来临，于是为了发泄痛苦，他围着学校的操场跑了一圈，他突然发现，空气是那么新鲜，尤其是他大口呼出吸进空气，感觉自己轻飘飘的，人好像处在空中一样，这种美妙是以前从来没有过吗，其实这只是剧烈运动后，不得不喘息，他感觉这样很舒服，很有快感，他忘记了医生对他的宣判，结果从那天起他开始锻炼身体，结果呢，他创造了奇迹！直到现在他还健健康康地活着。

【想一想】

是什么因素使他创造了奇迹？

【分析】

锻炼身体可以改变人的生命状态，甚至是人的一生的生命质量。这个中学班主任创造了奇迹，源于他长久而持续的锻炼身体，养成了一个良好的习惯，并把它当成生活中的一部分，而且潜移默化，内化成他自然而然的行动。他的身体渐渐的健康了，而且在心理和精神上都更加的乐观和积极了，不再害怕人生的得与失，而去尽情地感悟生命的美好，世界的多彩，因此，奇迹发生了。

[家庭锻炼操]

- **头颈部**

> *坐在沙发上，双手叉腰，头做绕环，正反方向交替做。*

> 双手抱头，用力向胸前压，然后放松，头尽量向上抬起，重复几遍。作用：对颈椎病可起到预防、缓解作用。

· **上肢运动**

坐或站立，两臂侧举，手指向上，做直臂向前、向后绕环。次数不限，做到两臂酸胀为止。作用：增强上肢力量，活动肩关节。

· **腰部**

站立，双脚分开，手叉腰，做转腰动作，按顺、逆时针交替做，次数不限。作用：使内脏器官得到按摩，对肠胃病有一定辅助疗效。

· **下肢运动**

坐大沙发上，双手放体侧，上肢后仰，手支撑住身体，双脚勾脚尖，抬起与地面成45度夹角，做蹬自行车的动作。作用：增加下肢力量。

以上锻炼操简便易行，而且随时可做，效果显著，可以全练，也可根据个人需要选练。有些锻炼操的运动量和运动强度要循序渐进，以不感到肌肉酸痛为度。此外，锻炼必须长期坚持才能见效，一旦见效，仍应继续锻炼，以便长期保持效果。锻炼身体不但是对身体的锻炼，也是精神的提升，可谓人的精气神其实是建立在一个强健的身体之上的。没有身体的健康，一个人不可能会体会到健康是多么美好的感觉，不可能拥有真正幸福。

扩展阅读 */ 锻炼要因年龄而异 /*

运动有益健康，但实际生活中，许多教师却常常忽视锻炼身体，而且也不知道自己适合哪种锻炼方法。针对教师的不同年龄，选择适宜的运动是非常重要的，否则不顾及自身情况，既达不到健身效果，还会给身体带来损伤。

- 20—30岁的教师

可以选择具有冲击性的有氧运动，如跑步、拳击、溜冰等运动方式。这些运动既可以解除工作和学习上的压力，又能激发人的创造力，增强人的自信心和克制力，对教师日常教学不无好处。

- 30—40岁的教师

适宜攀岩、游泳、球类、跑步、骑自行车和武术等运动项目。这类运动可增强肌肉的弹性，保持健康的体魄，同时有助于提高思维能力，改善人的灵活性和协调能力，培养人的专注力，忘却工作和生活中的不快。

- 40—50岁的教师

由于工作繁忙辛苦，家庭负担较重及生理上的变化，适宜低冲击的有氧运动，如慢跑、登山、游泳、网球、乒乓球等。既可缓解心理紧张和压力，又可强健四肢肌肉，还可以提高机体抗病力。

- 60岁以上的教师

由于整个身体机能开始衰退，锻炼的目的就是减缓衰老，增强心脏功能。运动应首先从步行开始，散步、慢跑、太极拳等，都是很好的运动项目，而且一定要遵循循序渐进、逐步适应、养成习惯的原则。

养成良好习惯，科学管理生活

每个人都渴望健康，但许多人的身体状况并不尽如人意，体质衰弱或疾病缠身，甚至英年早逝，认真追究一下原因，主要在于自觉不自觉地有不良的生活习惯，进行“自我摧残”，做着各种有害于健康的事情。良好的生活习惯是健康的保证，而不良生活习惯则是

疾病和早亡的催化剂。所以为了健康，班主任们应该养成良好习惯，科学管理生活。

[饮食起居习惯]

· 合理安排三餐

一日三餐不仅要定时定量，更重要的是要能保证营养的供应，做到膳食平衡。人们常说“早吃好，午吃饱，晚吃少”，这一养生经验是有道理的。早餐不但要注意数量，而且还要讲究质量。主食一般吃含淀粉的食物，如馒头、豆包、玉米面窝头等，还要适当地增加一些含蛋白质丰富的食物，如牛奶、豆浆、鸡蛋等，使体内的血糖迅速升高到正常或超过正常标准，从而使人精神振奋，能精力充沛地工作学习。午餐应适当多吃一些，而且质量要高。主食如米饭、馒头、玉米面发糕、豆包等，副食要增加些富含蛋白质和脂肪的食物，如鱼类、肉类、蛋类、豆制品等，以及新鲜蔬菜，使体内血糖继续维持在高水平，以保证下午的工作和学习。晚餐要吃得少，以清淡、容易消化为原则，至少要在就寝两个小时前进餐。如果晚餐吃得过多，并且吃进大量含蛋白质和脂肪的食物，不容易消化也影响睡眠。另外，人在夜间不活动，吃多了易营养过剩，也会导致肥胖，还可能使脂肪沉积到动脉血管壁上，导致心血管疾病，故应合理安排一日三餐。

· 多食用的食品

> 多吃苦食

苦味食物不仅含有无机化合物、生物碱等，而且含有一定的糖、氨基酸等。苦味中的氨基酸，是人体生长发育、健康长寿的必需物。

> 多吃水果蔬菜

维生素A、维生素C和维生素E有保护身体健康的作用。每天，我们至少应该食用400克左右的水果和蔬菜，来补充必要的维生素。

> *经常吃鱼类*

吃鱼类能延年益寿，多吃鱼类能增强人的免疫功能，提高防病抗病能力。

> *多用纤维类食品*

在含有丰富的纤维素的食品中，也含有丰富的维生素和矿物质。食物纤维还有助于消化吸收，保护我们的胃肠道。

· **晨起喝凉开水**

被誉为"复活神水"的凉开水，早上起床后喝一杯，有利于肝肾代谢和降低血压，防止心肌梗塞。人经过几个小时睡眠后，胃肠道已排空，早晨起床后饮一杯凉开水，能很快被吸收进入血液循环，稀释血液，从而对体内各器官进行一项"内洗涤"。

· **饭前喝汤**

饭前饮少量汤，好似运动前做预备活动一样，可使整个消化器官活动起来，使消化腺分泌足量的消化液，为进食做好准备，就能充分发挥消化器官功能，使之协调自然进入工作状态，食后也会感到舒服。

· **偏爱冷食**

降低体温是人类通向长寿之路。吃冷食和游泳与冷水浴一样，可使身体热量平衡，在一定程度上能够起到降低体温的作用，延长细胞寿命。

· **站着吃饭**

医学界对不同民族用餐姿势研究表明，站立最科学，坐式次之，而蹲着吃饭是最不科学的。因为下蹲时腿部受压，血流受阻，回心血量减少，进而影响胃的血液供给。

· **不渴也喝水**

水是人体必需的六大营养素之一。水在维持人的生命活动中具有不可替代的作

用。医学研究表明，饮水不足，影响新陈代谢，影响血液循环，使器官的功能降低，毒性物质增多，成为各种疾病的温床。渴感一旦产生，表明体内缺水已达到一定的程度。特别是老年人机体反应迟钝，不饮水也无口渴的感觉，更易导致多种疾病的发生。因此，人要多喝水、勤喝水。

· **用牙线剔牙**

用牙线剔牙，不只可以降低蛀牙的几率，还可以保护你的心脏。根据美国牙周病学会指出，罹患牙周病的人比一般人容易罹患冠状动脉疾病。

· **不吸烟少喝酒**

抽一根烟会产生超过4000种化学物质，其中四十几种会致癌，吸烟者死于肺癌的人数是不吸烟者的16倍。戒除吸烟的习惯，不仅对自己的健康有利，也是对家人爱的表现，因为二手烟比一手烟还毒，已被WHO列为头号致癌物质，而孩子往往是二手烟最大的受害者。超过四分之一的婴儿猝死是因为父母吸烟，导致婴儿吸入二手烟引起的。二手烟也会增加儿童气喘的次数，且加重病情。要尽量少喝酒。对某些班主任来说，酒对健康有着特殊的危险，特别是那些患有心脑血管疾病和代谢疾病的班主任。如果抽烟又喝酒，患食道癌的危险要增加44%。酒还能增加患肝癌、口腔癌和喉癌的机遇。酒能使血压升高，引发心脏病和脑中风。

· **早睡早起**

早睡一般是指在10点左右休息，因为进入11点，人体各个器官就开始修护排毒，比如肝脏在11点就开始排毒，如果你晚睡，那么你的肝脏就十分容易出问题。另外，人体由内至外的器官组织都要休息了。早起，清晨的太阳光线可使叶黄素激素（LH）的水平升高70%。LH参与睾丸激素的分泌，后者有利于男性塑造肌肉、消耗脂肪及提升情绪。而且人体是有固定的生理周期和规律的，比如大脑，经过一个晚上的休息，它会在固定的时候开始恢复它的运动，而你这个时候强制它处在休眠状态，违反规律，你会发现，你越睡越想睡，而且睡醒起来后你的精神似乎不是特别好，感觉全身疲乏。如果在每天11点前睡觉，早上7点左右起床，中午可以休息15–30分钟，长期这样会给你带来健康的。

· **拥有好睡眠**

先整理床铺，把棉被、枕头打理到最舒适的状态。以自己最自然、最舒适的姿势躺好。躺平后，做几个深呼吸，让自己放松下来。然后用感觉从头到脚扫描一遍，看哪个部位紧绷，再试着放松下来。如果心里还想着工作，可用数息法，想象自己呼吸时，把负面的情绪吐出去，然后把正面的能量吸进来，来回呼吸几次，直到心情平静。全身心放松，渐渐入睡。

[锻炼习惯]

· **工作间隙进行锻炼**

如果总是坐在办公桌或电脑桌前，最好每小时站起来活动5–10分钟。抻拉一下肩部、胳膊、颈部、背部、身体两侧、胸部及小腿等部位，可以加速血液循环，缓解颈、背部的酸痛和僵硬。

· **傍晚锻炼**

俗话说："一日之计在于晨。"大部分人习惯于早晨锻炼，认为这能振奋精神。然而，国外的一些医学保健专家研究认为，傍晚锻炼亦大有裨益。美国某大学健康中心研究后指出：人体的各种活动都受"生物钟"的控制，在一天24小时内，人的体力最高点和最低点都有一定的规律性，而体力发挥到最高点的时间，多数是在傍晚，在这段时间里，人的肢体反应的灵敏度及适应能力都达到最高峰，心率及血压的上升率也最为平稳，在这段时间内锻炼，引起心跳加速及血压上升率较低，对健康有益。研

究还认为，傍晚运动距睡眠时间较短，所产生的疲劳能促使较快入睡。另外，傍晚锻炼更适于脑力劳动者经过一天的脑力劳动，许多事情都存在于脑海之中，如在晚餐半小时后选择一幽静之处，舒筋展腰，松弛精神，既能使思维清新，又能改善睡眠状态，可谓一举两得。

- **锻炼你的大脑**

与身体肌肉一样，大脑也必须锻炼才能保持良好状态。记忆力练习可使大脑更有效率地工作，减轻因年老带来的记忆力衰退现象。你可利用一些业余爱好，参加成人教育及志愿者活动等来挑战自己。

- **细雨中散步**

人们在晴朗天气散步被认为是正常的，而在欧美一些国家，越来越多的人加入了雨中散步的行列。气象学者认为，雨中散步有许多晴日散步所不可比拟的健身作用。一场毛毛细雨降落大地，可洗涤尘埃污物，净化空气，路面更清洁，空气更清新。此外，雨前残阳照射及细雨初降时，所产生的大量负离子享有“空中维生素”之称，并有助于降低血压。到户外冒着细雨散步，还有助于消除阴雨天气容易引起的情绪抑郁症。至于对那些不加遮盖的散步者来说，霏霏细雨犹如一场天然的冷水浴，能大大增强肌体对外界环境变化的适应能力。

身边的故事 /

李老师今年60岁，年轻时曾是某中学有名的重病号，曾先后全休四五年、住院二三年、身上开了三刀、疾病缠身。现如今的他能一口气在一个66米来回的游泳池游上40个来回、睡得快、吃得快、说得快、便得快、走得快。

想一想 /

李老师是如何从当年一个有名的重病号，变成如今睡得快、吃得快、说得快、便得快、走得快的健康人？

分析 ／

使李老师发生改变的有两个因素：一个是锻炼，一个是生活习惯。据李老师说：他本来把健康完全依托在医生身上，认为健康是医生的事，而我们自己是完全无能为力的；而自从他积极锻炼以后，他渐渐懂得了最好的医生不是别人，而是自己。我们不是健康的奴隶、而是健康的主人。我们的健康主要不是取决于别人，而主要取决于自己。我们完全可以在相当程度上驾驭自己的健康、把握自己的健康。后来，他又从一本书中悟出了一个道理：世界上最可怕的力量是习惯，世界上最伟大、最神奇的力量也是习惯。于是针对他整个健康状况和一些慢性病，他有意识养成了一系列健康的生活习惯。正是这些健康生活习惯的逐步养成，使他身上产生了一种强大的、坚韧不拔的、甚至可以说无坚不摧的力量，从而使他从当年有名的重病号，变成了一个如今对自己的未来充满了希望、充满了信心、充满了力量的健康人。健康的生活习惯是我们人类的健康之本。

[其他习惯]

· 常笑

幽默感可提高生活质量，缓解压力，充当生活"调节器"的角色。此外，大笑还可消耗脂肪，有减肥的作用。常常开怀大笑，可以降低情绪焦虑，心情轻松。

· 社交

研究发现，社交多的人对生活的满意度也更高。无论何种目的的聚会都已被证明有利于提升积极的自我形象和自我满足感。

· 不累也休息

人对劳累的承受能力是有限度的，当劳累超过极限，健康就要受到损害。不累也

休息，这是一种积极的休息方式，比起累了再休息更有利于身体健康。当人感到劳累时，体内的代谢废物如乳酸、二氧化碳等积累较多，短暂的休息不能完全清除这些废物，日积月累，便可能积劳成疾。相反，当人尚未感到劳累时就主动休息，体内积存的废物较少，很容易将废物排出体外，使体力得到恢复，精力更加充沛。科学实验证明，主动休息能发挥和协调全身各器官的功能，提高人体免疫水平和抗病能力，特别有助于防范劳累的产生，做到劳动、健身两不误。

· **无便也入厕**

"欲得长生，肠中常清；欲得不死，肠中无屎"。要做到"肠中常清"，除了饮食调节、预防和治疗消化系统疾病外，还应养成定时排便的习惯。中老年人由于器官老化、功能下降、腹压降低，一般都患有便秘疾病。应坚持定期排便，即使无便也要到厕所蹲一蹲，养成习惯，形成条件反射，对于缓解便秘、促进健康长寿具有重要作用。

· **无病也求医**

主动检查身体，是近年来人们养生保健出现的一种新时尚，这是人们自我保健意识增强的标志。注意随时观察自身的健康状况，坚持"预防胜于治疗""病向浅中医"的原则，有病就医，无病就防，这对健康长寿是十分必要的。

· **无喜也快乐**

快乐的心情可以对机体产生良性刺激，使脉搏、血压、呼吸、消化液的分泌及新陈代谢均处于平衡、协调的状态，提高人体的免疫力和抗病能力。近来研究发现了一条很有意义的规律：积极乐观的生活态度会激活人体的适应能力，遏制疾病的发展。喜事不会天天有，但快乐却可日日寻。平时要保持快乐的心情，可多谈欢乐的喜事，多接触幽默的人，多看相声、喜剧小品，多读幽默的书，就能笑口常开，笑容满面。

习惯决定健康，不良的生活习惯，有害于身体健康；良好的生活习惯，有益于身体健康。生活习惯是科学保健的基本要求，要克服一切不良的生活习惯，养成有益于健康的生活习惯。

扩展阅读 / 有害健康的不良习惯 /

班主任的工作纷繁复杂，可谓非常辛苦。长年累月的紧张生活导致了很多班主任的饮食不规律，营养不均衡，进而引发很多“与食有关”的诸多疾病。不良的生活方式是看不见的“杀手”。为了自身的健康，我们提醒每一位班主任都应该尽快改掉这些不良习惯。

- **不良习惯1：空腹喝牛奶或不吃早餐**

空腹喝牛奶是很不好的习惯。牛奶中的蛋白质经过胃与小肠消化成氨基酸才能在小肠被吸收，而空腹喝牛奶时胃排空很快，蛋白质还来不及被吸收即排到大肠，还会在大肠内腐败成有毒物质。不吃早餐也不行。不吃早餐会严重损伤人的肠胃，进而影响人的健康，使人无法精力充沛地工作，甚至导致早衰。德国的研究人员在对7000多人的长期跟踪调查后发现，不吃早餐的人占到了40%。他们的寿命比其余60%的人平均缩短了2.5岁。而德国另一项针对80岁—90岁长寿老年人的研究结果发现，这些长寿老人的共同点之一就是每天吃一顿丰盛的早餐。温馨提醒：早餐食物应当尽量做到可口、开胃，增进食欲，并且应保证足够的数量和较好的质量。要知道不同食物在胃中停留的时间长短是不一样的，所引起的血糖反应也不相同。因此，提醒广大教师在早餐食物的选择上一定要注意干稀搭配，荤素兼备。

- **不良习惯2：暴食晚餐**

对于不少教师而言，晚餐才是他们一天的正餐。老师们往往是早餐要看“表”，午餐要看“活”，只有到了晚上才能真正放松下来稳坐在餐桌前，美美地大吃一顿。这样的做法对健康极为不利。研究发现，早餐、午餐凑合，晚餐又吃得太丰盛的人，久而久之极易造成肥胖。温馨提醒：科学的进食规律应该是：第一、晚餐要素吃。晚餐应以富含碳水化合物的食物为主。尽量减少过多的蛋白质、脂肪类食物的摄入。第二、晚餐要少吃，一般要求晚餐所供给的热量不超过全日膳食总热量的三分之一。

· **不良习惯3：饮水不足**

教师由于工作繁忙，所以常常忘记喝水，这就很容易造成体内水分补给不足。体内水分减少，就会导致血液浓缩及黏稠度增大，非常容易导致血栓的形成。不但容易诱发心脑血管疾病，还会影响肾脏代谢的功能。温馨提醒：教师应当多喝水，这样既可以滋润咽喉，又能够及时补充体内的水分，促进新陈代谢，避免饮水不足。

· **不良习惯4：喝久泡茶**

很多老师采用保温杯泡茶，殊不知这样做会破坏茶叶中的维生素，使茶叶大量渗出鞣酸和茶碱，不利于人体健康。研究表明，茶叶中含有大量的鞣酸、茶碱、茶香油和多种维生素等物质，一般用80℃左右的水冲泡最为适宜，如果用保温杯长时间把茶叶浸泡在滚烫的热水中，就如同用水煎煮一样，会使茶叶中的维生素遭到严重的破坏，茶香油大量挥发，鞣酸、茶碱大量渗出。温馨提醒：喝茶有利于健康，不过应当现泡现喝，尤其不能用保温杯泡茶，有喝久泡之茶的教师应当改掉这一坏习惯！

· **不良习惯5：如厕看报**

如厕看书报不但会使排便意识受到抑制，失去了直肠对粪便刺激的敏感性，久而久之会引起便秘。

学会身体放松，达到心灵安宁

班主任要学会一些放松技巧，以便纾解自己的身心紧张。当一个人在沉思、冥想或从事缓慢的松弛活动时，在体内会产生一种宁静气息，使得心跳、血压及肺部氧气的消耗降低，而使身体各器官得到休息。对于常常不自觉使自己神经紧绷，甚至下班后仍满脑子工作压力的人而言，是相当重要的观念。人在处于压力状态时，使生理反应平静下来相当有效的方式就是运动。因此，班主任在情绪不良，精神紧张，长期处于超常的工作压力下时，要学会放松自己的身体。

【呼吸放松法】

操作要领：*第一步*：安静，让心静下来；*第二步*：用鼻孔慢慢地吸气，想象“气从口腔顺着气管进入到腹部”，腹部随着吸入的气的不断增加，慢慢地鼓起来；*第三步*：吸足气后，稍微屏息一下，想象“吸入的氧气与血管里的浊气进行交换”；*第四步*：用口和鼻同时将气从腹中慢慢地自然吐出，腹部慢慢地瘪下去；*第五步*：睁眼，恢复原状。如要连续做，可以保持入静姿态，重复呼吸。这种呼吸方式称为腹式呼吸。呼吸放松的特点是见效快。在紧张时，只要进行深呼吸2次—3次，就可以起到放松的作用。

【肌肉放松法】

肌肉放松法的原理是先让你感受紧张再让你体验松弛。没有紧张感你就很难真正体会松弛感，所以先紧张后放松能使你更充分地享受放松的效果。从细节上看，肌肉放松法有许许多多，各不相同。但就核心组成来看就大同小异了。在这里就介绍一种最基础的肌肉放松法和几种组合的肌肉放松法。

- **基础的肌肉放松法**

最基础的肌肉放松法是由从头到脚的十部分组成的。

> 头部放松

用力皱紧眉头，保持5秒钟，然后放松；用力张大眼睛，保持5秒钟，然后放松；用力闭紧双眼，保持5秒钟，然后放松；皱起鼻子和脸颊部肌肉，保持5秒钟，然后放松；尽力张大嘴巴，保持5秒钟，然后放松；闭口咬紧牙关，保持5秒钟，然后放松；尽可能

地伸长舌头，保持5秒钟，然后放松；尽可能地卷起舌头，保持5秒钟，然后放松；舌头用力抵住上腭，保持5秒钟，然后放松；舌头用力抵住下腭，保持5秒钟，然后放松。

> *颈部肌肉放松*

将头用力下弯，努力使下巴抵达胸部，保持5秒钟，然后放松。

> *肩部肌肉放松*

将双臂平放体侧，尽量提升双肩向上，保持5秒钟，然后放松；耸肩向后——放松；提肩向前——放松；保持肩部平直转头向后——放松；保持肩部平直转头向左——放松。

> *臂部肌肉放松*

将双手掌心向上平放在座椅扶手上，握紧拳头，使双手及前臂肌肉保持紧张5秒钟，然后放松；侧平举张开双臂做扩胸状，体会臂部的紧张感5秒钟，然后放松；收紧臀部肌肉——放松；臀部肌肉用力抵住椅垫——放松；握紧拳头——放松；伸展五指——放松；收紧二头肌——放松；收紧三头肌——放松。

> *胸部肌肉放松*

将双肩向前收，使胸部四周的肌肉紧张，保持5秒钟，然后放松。

> *背部肌肉放松*

将双肩用力往后扩，体会背部肌肉的紧张感5秒钟，然后放松；向后用力弯曲背部，努力使胸部弓起，挤压背部肌肉5秒钟，然后放松；肩胛抵住椅子，拱背——放松。

> *腹部肌肉放松*

尽量收紧腹部，好像别人向你腹部打来一拳，你在收腹躲避，保持收腹5秒钟，然后放松。

> *臀部肌肉放松*

夹紧臀部肌肉，收紧肛门，使之保持紧张5秒钟，然后放松。

> *腿部肌肉放松*

绷紧双腿，伸直上抬，腿离地面20厘米，保持5秒钟，然后放松。

> *脚趾肌肉放松*

将脚趾慢慢向下弯曲，仿佛用力抓地，保持5秒钟，然后放松；将脚趾慢慢向上翘，保持紧张5秒钟，然后放松。

以上从头到脚十部分的肌肉放松需要连续完成。所谓放松是指努力体会肌肉结束紧张后的舒适、松弛的感觉，比如热、酸、软等感觉。每次可用15至20秒钟左右的时间来体会放松感。所有动作应熟练掌握到能连续完成，并在各种情境下都能自如运用。

· **组合的肌肉放松法**

> *精力充电组合*

指导：请按指示顺序来做下面的练习。动作(1)、(3)、(5)中的连贯动作A和B之间没有停顿，吐气数4—6次形成姿势，然后吸气数4—6次放松姿势，重复这些动作4—8次。姿势(2)和(4)保持完全呼吸3—5次，来增加你的耐力和伸展感以及集中精神的能力。所有的姿势都回到山立式。

山立式：你要做的所有姿势都从山立式开始：两脚大脚趾并拢站立，脚跟稍稍分开，两腿伸直。两手手掌并拢在胸前，肘部弯曲，让大拇指靠近胸部。肩骨下压，大腿肌肉、腹部收紧，尾骨指向地面。

完全太阳式呼吸：从山立式的姿势开始，吸气，手臂伸展过头部，吐气，从髋部向前弯，手臂伸直，头部向地面方向伸展，腿部可以伸直也可以稍弯曲；让脊背拱起，吸气，向前看，手指着地，伸展脊背，让脊椎平直，吐气，恢复前弯、脊背拱起的动作；吸气，如果需要，你可以弯曲膝盖，同时手臂划过身体两侧，然后到头部上方，吐气，放松双臂恢复山立式。

(1) 扭转幻椅式：从山立式开始，吸气，手臂向上伸展，保持手掌、脚踝和双脚

在一条直线上，弯曲双膝，想象你坐在一张椅子上（A），然后，吐气，转动上体使右肘置于左大腿外侧，扭转躯干，向后看左手肘；(B)，吸气，伸直双腿，伸展手臂到头部上方，回到开始的姿势。然后换边重复姿势。

(2) 舞蹈式：从山立式开始，左手臂向上伸展，手掌心向前。屈右膝，让右脚向后靠近臀部，然后用右手抓住脚或者脚踝。尾骨下沉让脊椎在中立位置并收紧大腿。身体从髋部开始向前倾，让左手臂和右脚向两边伸展，使右腿和上半身之间有强烈的抻拉，保持几次呼吸，然后放松，右脚回到地面。然后换侧重复。

(3) 箭步流程：从山立式开始，吸气，然后吐气，左脚向前迈步，屈膝至左膝与左脚踝在一条直线上，右膝稍弯曲，脚跟抬起。吸气，手臂向头部上方伸展（A）。吐气，从髋部开始向前弯，将两手放在左脚两边。左脚后退，伸直两腿并让髋部向上提起形成倒“V”字形。大腿向后压，胸部向下压，这样脚跟可以尽可能地离地面近一些（下伏式）(B)。吸气，向手部方向看，这一次换成右脚向前迈步。吐气，吸气，手臂伸展到头部上方。重复这个姿势。

(4) 三角式：从山立式开始，右脚向右跨一大步，右脚脚趾向外转90度，左脚脚趾向右转动30度，髋部正直，抬高两手臂到肩膀的高度，手心向下（A）。吐气，保持腿部伸直，身体向左侧弯在左腿上方，几乎与地面平行，左手放在左小腿胫骨上，向上看右手（B）。保持这一姿势呼吸。吸气，身体还原到正中的位置，脚转回来。重复另一边。

(5) 角度式：从山立式开始，右脚后退一大步，右脚脚趾向外转30度，右脚脚窝正对着左脚脚跟。髋部摆正，收紧臀部、大腿和腹部。两臂弯曲在背后两手互相抓住上臂。吸气，拉直脊椎，扩张胸部同时肩膀下压（A）。吐气，从髋部向前弯曲，如果需要，前面的腿可以稍微弯曲 (B)。吸气，让腿部伸直稳定，背部抬起，还原到山立式，然后换另一边重复。

> *“身心平和”组合*

指导：按练习顺序的（1）—（4），每个姿势保持4—6次呼吸，每次吐气时尽量使姿势更加伸展。

（1）坐姿侧伸展式：身体坐直，双腿交叉盘坐，双臂下垂置于身体两侧，保持髋部接触地面（A）。吸气，向上伸展右手臂，吐气，左手平放在地上，让右手臂伸过头部，向左侧伸展保持（B），然后吸气回到正中，放下右手臂，然后换边重复。

（2）蝴蝶式：身体坐直，脚掌心相对尽可能靠近腹股沟，手指交叉放在脚下，让膝盖自然打开（A）。吸气，然后吐气，轻柔地从髋部向前倾，脚的外侧边缘继续保持合拢，肩膀放松保持（B），然后吸气回到正中。

（3）移动桥式：仰卧，屈膝，两脚分开与髋宽，平放在地上，手臂放松在身体两侧（A）。吸气，让手臂伸展过头部，手掌心向上。然后抬起躯干，肩胛骨保持在地面（B）。吐气，放回手臂和躯干回到开始的姿势，重复6—8次。形成姿势后，保持建议的呼吸次数。

（4）脊椎扭转式：仰卧，两腿平放在地上（A）。左膝向胸部靠拢，右手放在左膝外侧，左手臂向身体侧边伸展，与左肩成一直线，手掌心向下。吸气，然后吐气，让左膝从右腿上方下压到地面方向，看你的左手，保持肩膀在地上，（B）保持姿势，吸气回到正中位置，吐气，伸直左腿，换腿另一边重复姿势。

练习要点：“精力充电组合”将给你的精神和身体做一个有氧充电，同时能缓解紧张的神经和压力，而“身心平和”组合又能使你的身心放松。你可以根据自己的身体状况和喜好在每一周里选择其中的一种或者所有练习来给自己充电或放松（在每次练习之前利用“减压测试”来确定你的最佳组合选择。热身可以从完全太阳式呼吸开始。当你完成一组或者所有组合之后，请以仰尸式放松身体：仰卧，双脚自然分开，手臂放在身体两边，手掌心向上。深呼吸，用每一次吸气和吐气来感受腹部的起伏和肋部的扩张和收缩。你可以按照自己的喜好来保持这个姿势尽可能长的时间。

如果你只练习“精力充电组合”，那么非常缓慢地完成2轮完全太阳式呼吸，让心率减慢之后，做山立式，闭上眼睛，做4—6次呼吸。为了达到身体和心灵放松、安宁，在做这套系列里的每一个动作时都把注意力集中在呼吸上。

【身边的故事】

河北省最南部某县一高中毕业班老师的工作时间：早晨6点起床吃饭，6点50分上课，上午11点50分下课，下午2点10分上课，5点45分下课，晚上6点30分上课，晚上10点10分下课。最近又新制定了制度，班主任必须每天住在学校，晚上11点检查学生宿舍。检查罢11点半才能睡觉，每天6个半小时睡眠时间。

【想一想】

在这么紧张的工作环境中，怎么才能让身体不出毛病呢？

【分析】

除了呼吁有关部门重视中学班主任的身体健康，减轻工作压力，使他们有最基本的休息时间外，班主任们更多的是求助自己。在紧张的工作环境中，应该学会给自己减压，应该学会放松，应该学会利用一切细小时间锻炼自己的身体。只有这样，才能让自己的身体不出毛病。

[椅子健身放松法]

其实运动无处不在，只要掌握正确方法，坐着也能健身。如果你有时间，身边有椅子，可按如下方法进行椅子健身：全身放松，上体直立坐于椅上，双臂自然下垂，头部先前倾，后仰、左右转倾，再从右至左转动一圈为一次，第二次反方向转动，各转三次；双臂伸向体后，十指交叉，掌心向外，两臂尽量后伸，胸部展开，该姿势静力保持3—5秒；人坐在椅子前端，两腿屈前伸支撑两手撑扶椅座两侧，尽量伸展腰部和扩展胸部；正坐在椅子上，扭转上体，先向左转再向右转，各转10次，转动幅度要大；坐在椅上，双手抱单腿屈膝，使大腿贴近胸部，停留片刻，放下再换另一条腿，各抱5－10次。正坐在椅上，两眼目视前方，双手抓扶椅座，两腿伸直向上抬起与地面平行，脚尖绷直，停留3－5秒腿放下，然后再继续举腿，做5－10次。锻炼者可以利用空闲时间每天做1－2次，如果能多种方法一起进行效果将更佳。椅子健身虽然简单，但能起到舒解放松的作用，尤其适合长期伏案工作的班主任老师。椅子健身可以使长时间伏案低头、弯腰弓背的紧张状态得到放松，消除局部疲劳；而且椅子健身适应范围广，在家里、办公室都可以进行。因此，椅子健身放松法是班主任们学会身体放松，达到心灵安宁的不错选择。

无论是呼吸放松法，肌肉放松法，还是椅子健身放松法，一开始由于不熟练，做一遍需要不少时间，随着越来越熟练，只要十来分钟就可以完成了。你可以在早晨醒来后和夜晚临睡前各做一遍，或者在感到焦虑紧张时做，效果应该会不错的。需要提示的是，对于放松方法的运用，最好在平时就多加运用，而不是临时抱佛脚，如果在平时能熟练掌握，经常使用，就可以在任何情况下运用自如；反之，如果平时知而不用，到临场想救急就不一定会有好效果。

扩展阅读 / 面对压力紧张时的放松方法 /

- **身处困境时请做深呼吸**

你的身体和大脑需要氧气才能有效运作，这一点很重要。压力总是使呼吸变快变浅，从而就减少了氧气对身体尤其是大脑的供应。一旦发现自己身处有压力的环境之中而呼吸变得急促时，请作缓慢悠长的深呼吸吧！你会立即发现自己的头脑变得清醒放松，也能更好地控制自己了，这就是为什么无论何种控制压力的方法都离不开深呼吸的原因。

· **安排好工作节奏，使身体得到短暂的休息**

一旦感受到身体发出的压力和紧张信号时，就应站起来，散散步、喝点水，与人友好地谈话，坐在舒适的椅子里或者呼吸新鲜空气。做任何可以使你排除那种持续积聚起来的压力和紧张的事，哪怕仅有一 二分钟。如果你坐在书桌边，就靠在椅背上，闭上眼睛，并慢慢地做几下深呼吸，这将使你恢复活力并使你精力充沛地做下一个工作。试一试，这么做很有效，你能感受到你的身体正在恢复之中。重要的是，一旦你感觉到身体上有压力和紧张时，立刻就做这些事，千万别等到吃午饭时，不要等到回家再做，现在就做。

· **深吸一口气，作出一个自信、肯定的陈述**

一旦你意识到你将会以机械、紧张的反应来应付困难的处境时，深呼吸，净化吸进的空气（通过你的鼻子慢慢地、深深地吸气，使你的腹腔展开直至你肺部的顶端，保持几秒钟，然后再用你的嘴或鼻子呼气），并且说一些肯定的话，“放松，我能用一种平静、有效的方法来处理这件事”。这一技巧非常简单，而又非常有效，使用它吧。

· **用幽默来减少不安、紧张感**

嘲笑自己或自己所处的困境。善意地对自己开玩笑。要运用积极的幽默，避免讽刺挖苦和玩世不恭。选择“嗨，伙计，这难道不是很有趣吗”而不是说“这真可怕”。

精彩回顾 / 65–89页 /

> 对于班主任的身体健康来说，做好饮食保健工作，增加抵抗能力是十分必要的。

> 班主任从事着繁忙的工作，学习一些在课间、在案头、在家中或办公室就可进行的简易健身法，对身体健康很有益处。

> 良好的生活习惯是健康的保证，而不良生活习惯则是疾病和早亡的催化剂。所以为了健康，班主任们应该养成良好习惯，科学管理生活。

> 班主任在情绪不良，精神紧张，长期处于超常的工作压力下时，要学会放松自己的身体，掌握一些放松训练的技巧，达到身心安宁。

中学班主任常见心理问题的分析与处理

多思则神殆，多念则志散，多欲则损志，多事则形疲，多语则气争，多笑则伤脏，多怨则心慑，多乐则意溢，多喜则忘错昏乱，多想则百脉不定，多好则专迷不治，多恶则焦煎无欢。

——【晋】张湛《养生要集》

[案例导读] 班主任的心理健康不容忽视

“这学期，我不知怎么了，干事没头绪，遇事急躁，没有教好学生，心里很难受，感觉自己是在耽误学生，想起这些不如死了算了，因为我始终记得一句话：误人子弟，杀人父兄……”这是陕西省一位年仅25岁的女教师因患严重心理障碍服毒自杀前留下的遗书。

江苏省盐城市一名30多岁的男教师因解答不出学生的提问，竟然自杀身亡。据其家人事后介绍，这名教师近几天一直休息不好，心情也很不好。

宁波二中的一名教师在风景秀丽的千丈岩跳岩自杀。留下的遗书上说，自己工作压力太大、郁闷、压抑，实在忍受不了。

福州市闽侯区一位女教师，有一段时间，情绪发生了令常人所不能理解的现象。如当她坐在办公室里，这时如果有同事来到这间办公室，没有和她打招呼，她就会感到非常难过，认为同事是不是看她不顺眼。当她感觉同事或领导冷落了她时，她就会故意搞点破坏，引起别人的注意。

嘉兴平湖的初中英语教师周君在杭州割喉自杀，年仅33岁。他是学校的教学骨干，多次评为优秀教师，担任班主任多年，任教已经十多年，为人厚道，工作积极，人缘也不错，和同事、领导的关系也很好，家庭也没有出过什么事情，所以大家根本想不出其理由。

三年前，福州某重点学校一名深受爱戴和尊敬的教师，因为面对一个“问题孩子”，忍不住在课堂上对孩子说了粗话。此事媒体报道之后，一时间，这位老师成为社会和市民的指责对象，人们纷纷谴责这位老师心态不正。这位老师因此陷入了无尽的心理困扰当中，她请了半年病假在家休养。半年后，她还是没有脱离沉重的心理阴影，从此失去了先前的干劲，人也渐渐变得憔悴了。

“我教学能力这么强,为什么校领导不重用我?”在某中学的办公室里,老师们忙着备课批改作业,一位靓丽的女教师突然蹦出这么一句话,让同事们感到莫名其妙。事后,有老师透露说,大家都认为,学生学不好,责任在老师,每次考试结束,校领导把全区其他学校的成绩领回来作比较的时候,那个女教师就坐立不安,挨个儿打听别校、别班的分数,有时候一个人坐在角落里都会说胡话。此外,另一位老师表示,近年来不断课改和更新教材,部分老师尤其是年龄较大的,不懂电脑、不懂外语的老师难以适应,就会积压心理疾患。

以上这些案例都是媒体报道过的事件，这些事件让我们深深地感受到了教师心理问题的严重性。中学班主任，不仅是一名教师，他还是班级的管理者，学生的辅导员，因此，他承受的压力要比普通的教师更大。为了更好地解决中学班主任的心理问题，首先要分析中学班主任常见的心理问题与问题的根源。

直面心理问题，找出问题根源

班主任作为班级的教育者、管理者、组织者和领导者，在学校的教育管理和学生成长发展的过程中起着重要的作用。因此，班主任的心理问题会对学生的成长造成直接的危害。社会心理学的研究表明，凡是对他人高度负责的工作角色，都要经受相当多的内心冲突与不安。班主任工作除了脑力劳动强度较高外，还要对社会、对家长、对年轻一代的成长高度负责。因此他们出现心理问题的概率比其他人群大。

[中学班主任常见的心理问题]

中学班主任常见的心理问题主要有职业倦怠、人际关系问题和情绪不良。

- **职业倦怠**

1974年美国临床心理医生费登伯格首次将“burnout”(燃尽、耗竭)引入了心理学领域,并对这一现象进行了初步的描述和界定。从此,职业倦怠问题逐渐引起了人们的重视。“职业倦怠”又称工作倦怠,是职业压力的一种, 由于班主任长期工作在压力的情境下,工作中持续的疲劳及在与他人相处中各种矛盾、冲突而引起的挫折感加剧,最终导致情绪和行为等方面的机能失调,其表现出来的是一系列关于心理和生理的综合症状。费登伯格把职业倦怠分为三个核心的成分,首先是人的情绪逐渐衰竭,具体表现为个体的情感及情绪处在一种极度疲惫的状态,导致工作热情不高。其次,在处理事情时,失去个性化或者非人性化解决事情,对待工作对象持否定的态度。最后,不自信或者降低自身的成就感,个人的价值取向降低。

近年来,教师的职业倦怠问题已经引起了社会的极大关注,但是,人们普遍较为关注的是高等学校和中等职业学校教师的职业倦怠问题,极少关注中学教师尤其是中学班主任的职业倦怠问题。对于一个中学班主任来说,产生职业倦怠,会在应对压力时难以顺利地克制工作下的不良情绪、态度和行为,对管理班级各项工作的开展极为不利,职业倦怠既影响班主任的身心健康,又影响教育教学质量,还会直接或间接地影响学生的健康发展。也由此造成了各种恶果:教学效果不彰、教学质量下降、学生身心受损,教师病假不断、教学热情不再、职业生涯受阻,学校士气低迷、教学秩序混乱、医疗支出大增等等。班主任职业倦怠的危害是明显的,那么,班主任的职业倦怠都有哪些表现呢?

> *生理表现*

生理症状主要表现为:长期疲劳、肌肉紧张、颈疼、头痛、胃溃疡、躯体失调(多汗、心跳过快过缓、内分泌失调等）、精神紧张（失眠、多梦、情绪暴躁等）、决策技能的降低、信息处理能力下降、时间知觉失调、劳逸控制失调等。身体长期处于"亚健康状态"，食欲不振、睡眠质量下降、活动力缺乏等，严重的还会出现嗜睡或者失眠、吃不下饭甚至是呕吐的情况；已经出现一些慢性疾病或者疾病征兆；工作效率降低，行动迟缓、注意力分散、记忆力下降、精神恍惚，甚至出现机能性工作障碍。经常产生疲劳感，失眠、食欲不振、喉咙嘶哑、背痛、头晕，以致全身酸疼，内分泌功能紊乱、血压升高等多种生理现象出现。女教师还会出现生理紊乱、月经失调等。

> *心理表现*

心理症状主要表现为：否认或责备、愤怒与压抑、焦虑、自卑、无助感、偏执性、强迫症状、自我贬损等。智力上，出现决策能力降低，思维刻板，不能创造性开展工作；在认知方面，感到工作没有意义，没有价值，将其看作是枯燥的机械重复的琐碎事务，觉得前途暗淡，没有希望；在情感方面，对工作失去兴趣，厌倦，情绪波动大，经常感觉抑郁、焦虑和烦恼等；在意志方面，在工作中碰到困难就躲，不愿钻研。

> *社会行为表现*

社会症状主要表现为：对工作敷衍了事、厌倦工作、不负责任、社会退缩、人际关系敏感、抱怨与玩世不恭、降低效能、家庭中的关系不和谐、对学生冷淡、厌烦、挖苦、谩骂、滥施惩罚等。逐渐失去对学生的爱心和耐心，并开始疏远学生，备课不认真甚至不备课，教学活动缺乏创造性，并过多运用权力关系（主要是奖惩的方式）来影响学生。时常将教学过程中遇到的正常阻力扩大化、严重化，情绪反应过度。如将一个小小的课堂问题看成是严重的冒犯，处理方法简单粗暴，甚至采用体罚等手段；在教学过程中遇到挫折时，拒绝领导和其他人的帮助和建议，将他们的关心看成是一种侵犯，或者认为他们的建议和要求是不现实的或幼稚的；对学生和家长的期望降低，认为学生是"孺子不可教也"，家长也不懂得如何教育孩子和配合教师，从

而放弃努力，不再关心学生的进步；对教学完全丧失热情，甚至开始厌恶、恐怖教育工作，试图离开教育岗位，另觅职业。班主任职业倦怠行为表现主要有3种：情绪衰竭、性格解体和低成就感。

(1) 情绪衰竭

情绪衰竭的班主任常常畏惧早晨上班；对学生有消极、玩世不恭的态度；对工作任务产生本能的厌倦，对办公场所有强烈排斥感甚至恐惧感；对业务指标缺乏动力；对工作的新异事物敏感度降低；害怕或者故意避免参与竞争，没有竞争热情；逐渐失去工作乐趣，长期处于挫折、焦虑、沮丧状态，情绪波动很大，逆境下容易焦躁；经常表现出极度疲劳、工作马虎、容忍度低、敏感紧张、缺乏热情等症状；在情绪上职业热情消退，有一种衰竭、无助感，对工作冷漠悲观，马虎应付，在班级管理中按部就班、放任自流或者烦躁易怒，对于班级活动的开展不够积极，对学生的身心发展漠不关心，基本上放弃了作为班主任的德育工作的职责，仅仅行使其作为任课教师的职能，甚至在教学工作上也得过且过，不认真备课、写教案，不肯钻研业务，教学方法简单、工作缺乏创造性和责任感。

(2) 性格解体

人性化处事是对一个班主任的基本要求。性格解体的班主任往往减少与学生的接触或断绝与学生的关系。容易逃避社会交往，对学生表现出冷漠、厌烦，甚至以消极、否定的态度对待学生和同事，遇事容易迁怒于学生或者把学生作为发泄对象，对学生进行心理虐待甚至于采取体罚等，失去了往日的爱心和责任心。这不但破坏了教师在学生心目中的形象，而且使学生产生厌学、自卑、敏感、孤僻等情绪，给学生的心灵造成终生的伤害。

(3) 低成就感

班主任职业成就感是主要体现在日常的班级管理和教育活动中所感受到的愉

悦和满足。班主任职业倦怠消磨掉了班主任的职业成就感，其工作少有感情的投入和创造性。它使班主任感到日复一日的班级管理和程式化的机械工作，既沉闷又毫无意义，工作变得让人厌倦。并开始倾向于自我贬损，将工作中的不成功归因于自己缺乏能力，于是产生无助感，失去工作动力。

· **人际关系问题**

班主任所面临的人际关系复杂，包括与学生的关系、与其他班主任的关系、与任课教师的关系、与学生家长的关系、与学校领导的关系及其他行政人员的关系。如果关系融洽，能够相互支持和配合，那么，班主任就会形成良好、平等、愉快、互助的心理气氛；反之，则会出现人际关系不良。容易对他人的行为做出负面解释，攻击性行为增多，导致同事关系疏远、家庭关系紧张。如果在人际关系中缺乏自觉意识、缺少信心，不善于进行自我心理调节，例如焦虑时不善于减压，冲动时不容易克制，一旦出现心理偏差就会使自己在人际关系中表现出一定程度的不适应，这会从班主任言行举止中显现出来。而这些问题产生的根源在于日积月累形成的心理偏差。对于部分班主任而言，在工作一段时间以后，由于自身性格的原因，以及行业的封闭性，导致他们表现出强烈的自我封闭倾向。

> 与其他班主任的人际关系问题

就学校内部而言，班主任的人际关系紧张主要表现形式是嫉妒、偏见、自我中心和自制失控。随着社会竞争的日益加剧和分配差异的逐渐拉大，由于传统文化的消极影响和个人性格上的某些缺陷，在利益再分配的过程中，嫉妒的表现正悄悄萌生在一些人的心头。由于相互之间的竞争关系，使班主任之间的关系可能显得冷漠、疑虑，欠缺互助和团队合作性，应试教育的恶性竞争将增加彼此的怀疑、嫉妒和攀比。比如同一学科组内班主任在教学效果、科研成果等方面的比较，同一年级中班主任在班级管理工作、考试成绩方面的对比，同一年龄段里班主任在晋升职务、职称时的比争。当竞争

直接触及到个人的既得利益，这时往往嫉妒就会趁虚而入。当局者采取种种损人又不利己的荒唐想法和行为去掩饰自己对竞争失败的恐惧和焦虑，但结果常常适得其反。嫉妒在侵蚀人际关系的同时，更在折磨自己的灵魂，让人寝食难安。

> *与任课教师的人际关系问题*

在学校中你会看到有这样一些班主任，作为班主任他们非常重视自己班级的利益，作为科任教师则特别强调自己学科的重要性。这些班主任在其班级本位和学科本位的背后，对学生则是命令要求多、倾听沟通少。他们不仅招来其他班学生、其他科教师的反感，而且还受到本班同学的非议。这些现象说明，这类班主任存在着过度的自我中心意识。他们对学生，甚至对同事指手画脚、责备苛求，听不进意见、一意孤行。毫无疑问，这样的班主任无论在师生关系还是同事关系方面都不会形成良性沟通，慢慢地把自己变成孤家寡人。

> *与学生的人际关系问题*

学生是班主任在学校中交往频率最高的人群。随着新课程的实施，班主任与学生的沟通好坏将直接影响教育效果。班主任的态度是影响学生成长的重要因素。有的班主任偏爱或偏恶某些学生，使学生自尊被伤害，自信被打击，失去前进的动力。青少年敏感的心灵使他们很容易从班主任的表情、语气和眼神中捕捉到冷漠、蔑视、疏远等信息，从而读懂自己在班主任心目中的位置。在这样的期待效应下，师生关系将严重破损，学生的成长道路也就被笼罩上阴影。而有些班主任在对待课堂上学生看小说等违反课堂纪律的言行时，会停下课来，采取把学生的小说撕破，甚至把学生拖出教室，请家长等极端处理方式。这种处理方式不仅会导致和当事学生的关系紧张，对于其他学生来说，这堂课的效果如何？班主任粗暴的处理方法只能激起学生更粗暴的应对行为。为什么不轻轻地走过去在其他同学不注意的情况下暗示他收起小说，集中听课呢？或者提个问题让他回答，或者报之以微笑并用眼神暗示他改正不良行为，课后再找他个别谈话。所以班主任必须认真地反思这一问题，确保在思想上对学生一视同仁、平等对待、妥善处理问题。

> 与领导的人际关系问题

班主任的人际关系紧张还表现在处理一些日常事务时，与校长的沟通欠佳。随着校长负责制、工资结构制、教师聘任制等一系列制度改革的深入，班主任与校长的沟通不够往往会引发种种冲突。有的班主任在年终评比先进时，认为自己一直在教学上勤勤恳恳，教学质量也可以，劳动纪律也遵守，为何评不上先进？认为是同事搞鬼，领导嫉妒，在学校大吵大闹，质问主管领导，搞得大家都很不愉快，人际关系更加紧张。

> 与学生家长的人际关系问题

就学校外部而言，传统的尊师重教风气失落，班主任与学生及其家长关系的功利性和敌对冲突凸显，也给班主任带来不平衡感和失意感。

- **情绪不良**

班主任的工作相对繁重而且琐碎，常常听到有人抱怨工作太累、收入太低、学生太不听话。班主任各自家里都有一堆事情，特别是目前中学女班主任比重很大，更是忙完了工作忙家务，管完了学生管孩子。如此操心费力，班主任难免表现出性情急躁，反应过敏，容易冲动，感情脆弱。这些不良情绪造成的不良心境持久不衰而无法排遣，有损自己身心健康的同时，也影响学生的心理健康。

研究表明，一个人在沉重的心理压力和失调的情绪状态下往往会发生认知偏差，这时，个体倾向于对他人的意图作出消极的判断，从而相应地作出消极的反应。因此，一个人在工作中产生不良情绪后一般都需要经过一段时间的心理调节才能与家人、朋友正常交流。而对于班主任这一特殊群体而言，不仅其劳动的特点使班主任比其他人更易在工作中产生焦虑、愤怒、抑郁等不良情绪，而且其角色的多重性，

也使班主任几乎没有时间和精力作出种种心理调节。因此，在与他人交流时容易沉溺于倾诉自己的不满，没有耐心听取他人的劝告或建议，拒绝从另一个角度去看问题；或表现出攻击性行为，无法用一种理智的、没有伤害性的、对后果负责的方式表达自己或对他人作出反应，如冲家人发脾气、打骂孩子、出口伤人等；另一类行为则是指向内部的，如交往退缩，避免与他人接触，对家庭事务缺少热情等。

身边的故事 ／

年轻的初中女班主任小华，有一个4岁可爱的女儿，丈夫在乡政府工作。工作家庭都让人羡慕。"从女儿出生以后，我的脾气变化很大。原来热情活泼，现在却很容易激动，经常为一些小事发火。只要学生不听话或女儿调皮我就会很生气。"因为她的脾气，还经常与丈夫发生矛盾，伤害夫妻感情。有一天晚上，女儿在看电视，她让女儿早点睡觉，因为还有学生的试卷要批改。女儿不肯上床大闹起来，她就顺手拿起尺子，打女儿的屁股，丈夫来劝说，边夺尺子边骂她"狠得像后娘"。她对学生的严格，在学校里也是出了名的。学生上课不准讲一句无关的话，每篇课文都要求背诵，单词要求全部听写出来，错一个单词罚抄10遍等等。"我做事喜欢尽善尽美，也要求学生尽力而为。学生年纪小可塑性强，如果不对他们严格要求，就会耽误他们成才。"但是，学生似乎并不领她的情，因为她批评学生声音大，好似雷声震动，而背地叫她"雷母"。事后，她有时也会后悔、内疚，觉得自己"下手"太狠，不给别人留面子。

想一想 ／

小华的问题关键是什么？小华该怎么办？

分析 ／

不善于调控自己的情绪是问题关键。抚养年幼女儿的重压、过分严格求完美的性格特点、处理问题不灵活、在矛盾面前不善于自我调节等使她的脾气越来越糟。而班主任的职业要求又必须使班主任的情绪具备成熟而稳定的特点。所以，小华应该学习并有意识地使用一些控制情绪的方法和技巧。如转移注意力；心理移位，即设身处地站在别人的角度考虑问题；学会制怒，“把舌头放在嘴里转10圈”再说话；合理释放，如找朋友诉说、谈心，到没人的地方痛哭一场等；升华，把愤怒、冲动等消极情绪转化为自己前进的动力。

［问题根源］

中学班主任常见心理问题的根源有以下几个方面：

- **来自个人方面的原因**

> *性格方面*

产生心理问题的班主任有一些共同的性格特点，如完美主义、性格好强、目标取向、对自身的要求过高等等。这些独特的个性品质会影响到班主任对于工作和压力的评估和认识，容易引发内心的挫折感，自卑感，压力与困惑等心理感受。但是，这些心理感受又会因人而异，那些整天忙于工作，无暇充实自己的生活，以及性格内向，不愿与人交流，内心焦虑、孤独等无法排遣的班主任，则容易成为心理问题的高危人群。

> *专业方面*

专业水平低下，工作成绩不出色，把一次次的工作失败归咎于运气不好，不思进取，被失败的阴影笼罩；专业态度缺失，不热爱教育工作，在事业之初缺少足够的精力投入，几年后工作业绩平平，难以在工作中找到乐趣；不得志，滋生情绪。一些班主任注重名利，在无法如愿的情况下，又不能自我调整，游离了工作心思，产生情绪问题；缺少创新精神。班主任，就像一个摆渡人，日复一日，年复一年，重复着昨天的故事。如果简单重复，不会创新，必将导致单调感，工作热情减退，专业水平停滞不

前。一般来说，工作十来年的班主任，容易产生职业冷漠感，太有规律的工作、按部就班的生活，是很容易熄灭一个人的激情的。对生活富有激情的内心追求与客观情况的差异，往往会引起一个人的矛盾心理，使之产生对职业的反抗情绪，导致拒绝感与平淡感的消极心理发生。社会在发展，对职业本质属性的认识也在发展，特别是在大力推进课程改革的过程中，许多新的思想观念正在猛烈地冲击着班主任们所坚守的那些固有的职业的基本特性，每一个班主任在实施新课标的过程中都会遇到许多新问题、新矛盾，产生新的压力。如果不能正确认识和积极适应，则必然会产生抵触情绪，从而导致对职业的反叛。

- **来自工作方面的原因**

> *工作量大*

班主任的工作时间较其他教师来说，是比较长的，工作相当繁重，包括班级的每一个学生的生活、思想、学习、安全等不仅工作量大、事务繁杂、教育任务重、管理压力大，而且工作时间长，一般都远远超过8小时，经常需要早出晚归，工作超负荷，这使得他们的精神负担加重。威胁着班主任的身心健康，易发生身心障碍或身心疾病。加之名目繁多的检查、考评、验收，也使得班主任疲于奔命，导致心力交瘁。

> *压力大*

社会对班主任过高的期望值同教育投入与产出的反差之间的矛盾，大大增加了班主任的精神压力。班主任被社会、家长和学生卷进对升学率的狂热追求中，素质教育的实施迄今无法改变这一局面。独生子女、社会就业难的现状，使家长们对孩子的期望值特别高，而他们又将这种期望寄托在学校再由学校转嫁到班主任身上，班主任身上的担子愈发沉重了。成绩面前，学生一一排队，实际上班主任的排位也一目了然。面对学生和家长的巨大期望、面对教育改革和素质教育的要求、面对学生及其家长日益觉醒的权利诉求，班主任工作的强度和难度不断增大，由此带给班主任各种有形、无形的沉重压力。沉重负担使不少班主任不堪重负，不得不牺牲一个个节假日或者夜晚的休息时间，这更加增添了班主任的孤寂感。再加上教育往往是投入与产出极为不相称，班主任的付出多，而学生的成效不显著，这成为影响班主任心理健康水平的重大压力事件。

> *职业角色多*

班主任的职业角色复杂多样，班主任不仅是学生的老师，还是学生的朋友，还经常要担当学生父母的角色；班主任不仅是学生知识的传授者，还是学生人格的塑造者、学生人际关系的协调者、心理问题的辅导者；就社会而言，班主任是社会文化的传承者和变革者，还是社会准则的良好实践者和示范者；同时班主任还得承担家庭的各种角色职能。诸多严格的角色功能极易造成班主任的角色混乱和冲突，成为威胁班主任心理健康的危险因素。

> *学生难管理*

班级里总有些学生不只是学习成绩差，而且纪律也很差，他们生性好动，耐不住寂寞，上课安静不下来，不是自己摆弄些什么，就是硬和同学讲话，甚至在课堂上故意和老师捣蛋，这些学生很难管理。有的学生不能与同学友好相处、与老师关系紧张、拒绝合作，不参加班级工作，看问题绝对化、不思后果；有的学生甚至还有明显的攻击他人或教师的行为，班主任必须花费很多的时间与精力来处理学生的问题。班主任经过很大的努力，但收效甚微。加之，当前社会许多不良风气和精神污染，不可避免地渗入校园，抵消了班主任辛苦建立起来的教育成果。大多数班主任长期默默地付出却没有回报，缺少职业成就感、满足感，这一切，使一个富于责任心的班主任在经历了多次奋斗之后，不可避免地感到心力交瘁，这样很容易产生心理问题。

- **来自学校方面的原因**

学校不科学的绩效评价制度的影响。在现今的班级教育管理工作中，对班主任

的绩效考核评价制度体系由于不够合理科学，导致对班主任的工作难以衡量好，如学生发生任何意外，就直接否定了班主任的全年工作，影响到班主任未来的发展。不够完善的评价体系往往造成班主任内心的矛盾冲突。在现实生活中，往往存在着素质教育的评价体系与高考实际权重之间的矛盾差异，教育本质属性的规定性与广大家长的客观评价标准之间的矛盾差异，学校管理者对班主任的评价与教育本身的价值标准之间的矛盾差异，这些矛盾大多又是不可调和的，这势必会极大地扼杀班主任的主观能动性和积极的创造性，使班主任自我价值丧失，班主任的合理个性得不到应有的尊重，自然而然地会产生对所从事职业的倦怠。目前的基础教育，从一定意义上说，已经异化为升学教育，学生的分数成为评价班主任的相当重要的指标，而至于学生良知的养育、人格的熏陶、责任感的培养等软性指标，则很难进入班主任的评价系统，这往往会给班主任的心灵造成沉重的伤害。

· **来自社会方面的原因**

现代化社会给班主任心理健康造成了很大的冲击。社会的信息化和现代化一方面动摇了班主任作为传道授业的权威形象，同时又增加了班主任个人成长的压力。由于班主任个人信息获得的有限性，使得他在面对整个班级的学生时并不时时、处处处于绝对优势，因而学生眼中的权威形象也不断被破坏。为维护自己的权威，班主任必须不断学习、不断更新自己的知识结构、不断丰富自己的教育策略和手段，这无疑增大了班主任的压力。教育的不断变革直接给班主任提出了许多新要求，增加了班主任适应的困难。近20年来，为适应现代化社会的要求，教育不断在体制、理念、方式和手段等方面进行改革，不断要求班主任转变观念、改变行为、快速适应，但班主任培训体系的乏力，使班主任个体穷于应付而又无所适从。社会变迁和现代化催生了一批新职业、新精英，社会职业评价的标准错误地向金钱靠拢，而无钱无势的班主任的社会声誉慢慢降低，直接的后果是班主任对自己的职业价值感产生了怀疑、不认同或价值感混乱。而与此同时，社会对班主任的要求和期望不仅没有降低反而在不断增高，要求班主任人格完美、倾心奉献。两方面的巨大反差使班主任的工作规范与工作价值趋向发生混乱，增加了班主任适应的难度。

- **来自多方的期望**

班主任承载着学校、家长、学生的希望。学校希望班主任能凡事以大局为重，能有扭转乾坤的能力，有勇于奉献的精神，管理班级应全身心投入，不能容忍你出漏洞，不能容忍你犯错误，不能容忍你不出成绩，不能容忍你有私心杂念。目标要高，过程要实，措施要细，结果要好。要十全十美，要万无一失。学校各项活动、各项工作均需要班主任在班级管理中贯彻，事情过于繁多，导致班主任渐感劳累。家长则希望班主任重视自己的孩子，把孩子的学习、思想及生活全都交由班主任负责，孩子个个都是天才，都应该成为栋梁，成为巨星。出了问题是班主任不行，出不了成绩，是班主任的无能。责任全归于班主任身上。学生方面，学生希望班主任性格好，最好能包容一切；能同等对待每一个同学；才能要全面，最好能唱又能跳；精神要高尚，最好顾大家不要小家；班主任既要是全才，也要是专才，到哪儿都是出类拔萃的人物。希望班主任能把班级管理好，有良好的学习环境。各方面都在关注班主任，可实际情况是，班主任是凡人，有七情六欲，有不足与过错。要求过高，超过自身状态，超越外部环境的要求，很可能希望越多，失望就越多。带来的可能就是班主任的心理失衡。

扩展阅读 / 测一测您的倦怠化程度有多高 /

不要认为我们离职业倦怠很远，其实，在不知不觉中，我们已经跨入职业生涯的边缘，或者下一刻就可能被“扫地出门”。究竟我们中学班主任离职业倦怠有多远？倦怠化程度有多高？我们可以做一个测试。

下面的测试有10项，看看您现在都符合哪些项？

> *领导布置工作后，你总是等一段时间去完成，自己觉得工作简单，没必要这么急。*

> *无论是学校组织的政治业务学习，还是教研组或备课组组织的教研活动，你总是走神或不积极研讨。*

> *一学年内，你没有受过任何表彰或批评，但你不在乎。*

> *学校内各方面工作安排，你认为只知道其中的猫腻。*

> *总是想不通，为什么你的领导看上去总会有错误的安排。*

> *学校管理制度变革，在你看来只是走过场而已。*

> *与其他同事在一起，你总是滔滔不绝地讲学校对你的一些事情，而且总得到他人的响应。*

> *新工作的教师在你的眼中是"他们都在异想天开，其实什么都不懂"。*

> *教学中出了问题，不想办法解决，而是用其他理由来搪塞，甚至是满不在乎。*

> *工作上混混日子可以，因为你总是得不到和自己能力相适应的职位。*

- **测试说明**

1－3项：职业倦怠黄色预警：现在你还不属于"倦怠族"的一员，但是已经有倦怠化的端倪出现。如果这样继续下去，会改变领导、同事对你的好感，降低对你的期望值。

4－6项：倦怠橙色警报：你属于半倦怠化的范畴，个人的"口碑价值"已经下降不少。在学校里，你是让大家既头疼又无奈的一个，因为有一些能力和成绩，你好像与往常一样，但是你已经得不到领导的赏识和重用。

7－10项：倦怠红色警报：你已经属于"倦怠一族"，可以说在学校内遭人讨厌，提到你，大家只能相视一笑，你已经成为下一批新陈代谢出去的预备役。最可怕的是，你可能因过度倦怠化而被学生拒之门外。

从这份测试及其说明，我们可以看出：班主任自身的主观原因同样会造成班主任职业倦怠，而且这种倦怠是非物质刺激能够达到效果的。我们必须从心理上加以分析和寻找相应调整策略。

分析职业倦怠，进行对症下药

［案例导读］

＞ *案例一*：某中学二级教师，从教9年，曾多次担任初三班主任，取得较好的成绩，先后三次受到县政府嘉奖，被评为县级优秀班主任等等，工作的热情和取得的成绩让很多同事羡慕。但是学校在去年中层干部岗位增补时，没有聘用到他，今年上半年干部后备力量储备选举时，又没有他，这位老师工作热情陡减，不愿意接初三班主任工作，经过领导干部谈话，勉强接受，但是工作不积极主动，很多事情需要年级主任多次催促才能完成……

＞ *案例二*：某中学一级教师，从教13年，一直担任班主任，教学实绩还算可以，在教研组内也算是一个教龄比较长的教师，工作13年基本没有受到各级表彰。去年因家庭事件与县局产生矛盾，尽管事情在学校出面的情况下得到妥善解决，但是这位老师从此像换了个人似的，上下班不准时，常常不参加学校组织的政治业务学习，不积极参加教研组或备课组组织的研讨活动，无论学校管理发生什么变化，对她来说无所谓。学校月度教学常规检查结果，她的得分最低。同一备课组中，她的教学差距与他人越来越大……

＞ *案例三*：某中学高级教师，从教16年，曾多年担任班主任，教育教学实绩一直较好，先后多次受到县政府嘉奖，被评为县高中骨干班主任，在师生中口碑也不错。三年前拿到中学高级教师资格证书后，便以种种理由为借口而推掉班主任工作、教研组长工作等。新学期，学校在师资配备时权衡再三，请这位老师任高三班主任，但是

学校领导前后与其进行三次谈话，这位老师都以种种理由推托，就是不愿意担任高三班主任，现在常常对学校管理、工作安排等不满，在办公室内常因个人小事高谈阔论，博得他人附和……

这三个案例中的班主任怎么了？他们这还是正常的情况吗？显然，这些班主任已经处于不正常的状态了。他们已经步入了中学班主任常见的心理问题之一：职业倦怠。

职业倦怠直接影响班主任的工作质量和生存状态，危害性毋庸置疑。但是我们中的大多数人又注定与教育人生做伴，如何在平凡单调中发现万千变化之美，在照亮别人的同时提升自己呢？如何努力改变自己，克服职业倦怠呢？这就需要我们分析职业倦怠，进行对症下药。在第一节中，我们已经对班主任的职业倦怠现状进行了分析。因此，在这里我们将针对班主任职业倦怠的现状，提出一些对症下药的策略，克服职业倦怠。

[自我心理保健的途径]

- **加强自我觉察**

解决职业倦怠的关键在于班主任应意识到职业倦怠并不是只在一生中发生一次的现象，“它可能一次又一次地潜进我们的教学生涯。如果我们学着识别自身职业倦怠的症状，并在危害产生之前捕捉到它，那么我们就能很快地恢复平衡，而不需要一个较长的恢复时期”。因此，班主任应以乐观的态度去看待职业倦怠，正确认识倦怠的各种症状，并随时评估自己的状态，主动调整和改善工作中出现的倦怠，以便及早解决问题。

- **认知调整**

要保持个人的心理健康，就要从个人着手，而不要把责任全推到职业特点等制度上，因为，人们永远不可能在一种理想的状态下工作。制度上的问题是永远都会存在的。从自身入手，积极寻求自身的资源，拓展自身的生活，是面对现实问题的最直接而有效的方法。

> *坚持正确的信念和职业理想。*

不管当初是否因为职业性的或是理想的原因而担任班主任工作的，若干年后，有的人不愿当老师，有的人却爱上教育工作。这是因为“教师的信念和职业理想是教师在压力下维持心理健康的重要保证”。矢志教育人生，提供让学生回味一生的优质教育，应该是班主任的职业理想。有人曾比喻，对某一事业的信念和理想是职业倦怠的最好解毒剂。坚定正确的教育观念和积极的教师信念，培养对学生无私理智的爱与宽容精神，对防止班主任职业倦怠是至关重要的。教育虔诚第一，教育艺术第二，班主任应该带着爱工作。一个人若是能够选择自己最乐意做的事情，然后倾情投入，不但能够作出属于自己的最好成就，而且也将过得幸福快乐，“上课是一种享受，每天在课堂度过的一段时光是最美的”，这种老师的生活质量与那些“走进课堂心里就烦”的老师相比，真是两种境界。不再将上课看成是一种负担，是一个班主任过上职业幸福生活的前提。

> *树立合理的角色期望*

树立对班主任角色的合理期望。作为班主任应了解到自己事业的可能与其限制性，而不能只是一味强调专业的自主性与为社会培养人才的重大责任。每个班主任在自己的工作过程中，总是按照自己的理想、按照自己的意愿，努力想让自己的工作干得出色，但结果并不总遂人愿。应承认自己也是一个平凡的人，会有七情六欲、喜怒哀乐，不要因为自己的现状与预期目标相差太大而产生理想的幻灭。只有了解自己的优缺点所在，才能使班主任消除那些事业上的迷思，做一个真实的人，而不是古书上的圣贤。此外，班主任对学生的期望也不要过高，许多班主任对学生的要求过高，若学生达不到自己的要求，便会失望。其实学生是成长中的受教育者，自然有缺点。班主任要热爱学生，多看其优点，用发展的眼光看学生，这样不但有助于师生关系的改善，也有益于师生的心理健康。所以无论结果如何，只要我们努力过，对自己和他人

都问心无愧，又何必自寻烦恼？因此学会对自己的能力、知识水平作出一个较为客观的评价，适当降低成就欲和期待值，从而使自己摆脱沉重的失落，难解的怨气，无名的惆怅，“退一步海阔天空”，这难道不好吗？

> *调整心态*

班主任的职业是个清苦的职业，是个奉献的职业，班主任的收入和地位仍然不是很如意，工作生活之中有烦恼、悲伤，有失落、有痛苦，这些暂时现象你必须接受，因为你抱怨也好，苦恼也好，自卑也好，都无法一下能改变得到。如果一味地沉溺于抱怨和啰嗦之中，永远都是没有什么快乐可言的。要做个大度豁达的人，遇到烦恼的事情放开点，不要抱怨自己的运气不佳，境遇太差，把成败归咎于客观条件，而忽视了主观能动性。作为班主任，应采取积极的态度和措施，包括保持对工作的好奇心，坚持对教育工作艺术性、创造性的探索，有意识地观察自己的工作环境，反省自己的失误，及时处理问题，学会情绪疏导。班主任的职业烦琐、细腻，只要肯做就无休无止，有做不完的事，讲不完的课，教不完的学生。一个人长时间地投入在一个工作中，把压力重重地压在自己两肩而不堪重负。要想抛开压力，班主任就要保持乐观向上的工作态度和轻松愉悦的工作心情，多关注自己的成功，积极地进行自我肯定，以便增强工作的效能感，激起工作和生活热情。班主任积极乐观的人生态度、自身的教育追求也能消除职业倦怠。一个班主任如果有教育思想，对学生有着强烈的爱，有社会责任感，就是暂时出现“倦怠”现象，也能及时进行自我调整，使自己处于积极进取的状态。

- **生活调整**

> *丰富生活，学会放松自己。*

放松是指身体或精神由紧张状态转向松弛状态的过程，当感到压力不断时，持续数分钟的放松，往往比一小时的睡眠要好。除了日常的游泳、散步、做操、洗热水澡、听音乐，和家人或朋友聊聊天，变换形象，旅游，休假，亲近自然等方法，还可以学习一些放松疗法来放松自己。做到自我负责，要认识到自己的心理发展唯有靠自己来创造和改变。尽自己最大努力来明确自己的生活目的、努力要达成的目标，充分发挥自己的能力，实现设定的目标。还要能够自我维护，尊重自我的价值、需求，并在现实生活中探寻适当的表达方式。在一旦出现焦虑性的心理障碍或抑郁性心理障碍时，不妨想办法休假几天，外出旅游，亲近自然。新鲜的空气，悦目的景色、鸟虫的鸣叫，将把心头的荫翳一扫而光。

> *参与课余活动，坚持适宜的体育锻炼*

丰富的课余活动和适宜的体育锻炼可以极大地改善一个人的心态，调节一个人的情绪。无论工作多么忙，都应该善于忙里偷闲，参与一些有益身心健康的活动，培养自己的业余爱好，最好就是找点自己感兴趣的事情去做，可以为文，可以做事，可以读书，可以锻炼，可以活泼一点，可以朴素一点，可出可人，可庄可谐，为生活增光添彩。生活的情趣可以对职业心理产生积极的影响。另外，参加体育锻炼可以帮助班主任明显地减轻压力和倦怠，一方面因为体育锻炼使身体健壮，精力充沛，应付能力增强；另一方面，用于锻炼的时间减少了笼罩于压力情境的时间，某些锻炼如散步、慢跑等也能提供难得的“空闲”机会，可以对问题加以反思，寻找解决问题的策略。体育锻炼要有规律和持之以恒，以适量和娱乐性为原则。过量或竞争性强的运动不但不会减轻压力，其本身也是压力的潜在来源。

> *投入社会，广交朋友，寻求社会支持。*

研究表明，当威胁健康的因素发生时，缺乏社会支持的人比那些经常有朋友交往，具有较多社会支持的人更可能生病或死亡。任何人都不能完全防止不良情绪的产生，关键在于如何调整自己的不良情绪，不让它随意泛滥和持续时间过长，这样可以防止或减少不良情绪对身体健康造成的损害。当班主任受到压力威胁时，还应主动争取广泛的社会支持，如多参与社会活动，拓展交际圈；多与社区邻里保持联络，

获得理解及尊重；多与同事联系，分享教学经验等等。社会支持系统是由领导、同事、朋友、学生、亲人共同组成的，他们可以给人以倾听、关怀、鼓励。班主任遇到压力的时候，应该多与他人交往、沟通，倾听别人的工作感受和经验，找他人倾诉，提供情绪宣泄的渠道，这样能帮助自己缓解倦怠的心理，促使自己重新振作起来，现实表明拥有广泛而有效的社会支持系统的班主任不易产生倦怠。班主任的职业倦怠心理对个人、学生和工作都是有害的，然而任何人都不能完全防止不良情绪的产生，关键在于如何调整和控制不良情绪，以防止或减少不良情绪对身体的损害。当班主任感到不堪重负时，不妨与家人、亲友或朋友一起分析压力的来源，在他们的帮助下确立更现实的目标，以便对压力的情境进行重新的审视，一些消极情感如愤怒、恐惧、挫折等便可以得到某种程度的发泄，这对舒缓压力和紧张的情绪是非常必要的，情况严重的可以进行心理咨询和治疗来争取必要的心理援助。因此班主任应该努力消除职业倦怠心理，使自己达到自我与职业的和谐统一，创造辉煌的人生价值。

- **创造与提高能力**

> *创造自我*

一些班主任在长期的教育工作中，全心沉醉于创造学生，却因此迷失或淹没了自我。失去自我的工作容易让人产生厌倦感，同时也会失去发展的目标。因此，班主任在创造学生的时候，也应该注意创造自我、提升自我。

> *提高耐压能力*

职业倦怠来自于个人、组织与社会等方面。作为班主任教师本人，更应清醒认识到倦怠是源于自己所遇到的压力。因此班主任教师要努力提高自己的耐压能力，正确认识和驾驭压力。世界上的事情总是会有些说不清道不明或不尽如人意的地方，但为了给人生航程“清淤”导航，为了缓解心理压力，使自己有一个良好的心态，作为班主任，您不妨学会理性的妥协，提升耐压能力。一个具有自信和耐压能力强的人是不容易倦怠的。我们需要以开放的态度来学习新的策略以便应对将来可能遇到的压力，培养良好的个体素质。

> *提高处理问题和自我调节能力*

学生的纪律问题是造成班主任倦怠的重要因素。因此，班主任应加强处理学生问题的能力，让教学得以在安静、有纪律的情境下进行，从而提高学生成绩，减少班主任的挫折感，增强班主任的自我效能感。当学生和你顶嘴，或因学校某些不公平的事让你愤愤不平时，当你遇上不遂人愿和力所不及的事时，你要多想想别人的好处，像旁观者一样告诉自己，人生旅途经常会出现一些坎坷，挫折和大大小小的不顺利，没有挫折就失去了奋斗。你为一件烦恼的事情痛苦得难以自拔时，不妨对自己大喊一声：生命太短暂了，金钱、名利是身外之物，一切都是过眼烟云，还有多少事情等着我去做……便会豁然猛醒，悟透人生。

身边的故事 /

张老师年逾三十，有一个5岁的上幼儿园的女儿，是一所初中两个班的语文老师，同时是其中一个班的班主任。每天天还没亮，张老师就得起床，准备早餐，然后叫醒女儿，哄她穿衣、梳洗、吃完早饭，自己才能胡乱吃几口。去学校以前，必须骑自行车飞奔近30分钟把女儿送到幼儿园，几乎每天都最早一个把女儿交给老师，再急匆匆赶到学校。学校里又有一大堆麻烦事等着处理：堆积如山的作业本需要批改，学生考试成绩太低你得找他谈话，公开课做课件让你晕头转向，竞赛只许拿大奖不然校长要批评你，忙完学校的事回到家还得熬夜备课……教师那么一点微薄的工资，又让她捉襟见肘。半夜起来的内心独白是："五十岁不到，我准累死。""我能提早退休那该多好啊。""这样的生活，何时是盼头。"

想一想 /

张老师怎么了？她该怎么办？

分析 /

班主任的工作紧张、繁重而琐碎，加上家庭负担重就更容易产生职业倦怠，这与每个人的自我调节能力有关。对于张老师来说应该学会一些减压处方：经常看到生活的积极面；合理安排生活和工作；充分调动学生的工作积极性。要有意识地选拔、培养一支能力较强的班干部队伍，协助教师把工作做好。另外，在家庭中，也要从小培养孩子独立生活的能力。孩子逐渐成长，家长的负担就会越来越轻。

[通过专门的组织形式干预]

- **学校和教育管理机构应当更新评价机制**

社会、学校在对班主任提出要求的同时，有必要对班主任的要求与对他们的理解和关怀结合起来，为班主任排忧解难，创设宽松和谐的工作环境。学校应该把班主任作为关怀的主体予以高度关注，而不仅仅是作为为了学生发展而存在的客体。只有使班主任每天保持旺盛的精力，愉快的心情和良好的精神风貌，每一个孩子的健康成长才有保障和可能。作为学校的领导，一定要重视班主任的职业倦怠症，多肯定鼓励班主任的工作，在个人困难上应以适当程度倾斜，在待遇上适当给予关照，多交流，请不要吝啬表扬和笑脸，这是一个不错的途径。

- **提倡人性化学校管理**

组织中的管理者尤其是直接管理者的管理风格，对职业倦怠有重大影响。要缓解班主任职业倦怠，关键是要实施人性化的学校管理。在学校管理中体现人文关怀，是社会发展的需要。这主要表现在以下方面：学校要坚持以人为本，与时俱进，不断改进领导方式，推行人性化管理。作为学校，应强化民主管理，赋予班主任更多的自主权和自由度，给班主任提供展示自我的平台，改革教育教学评价体系，激发班主任的自我发展需求，帮助班主任消除“职业倦怠”心理；学校还要在感情上关心班主任，在事业上支持班主任，努力为班主任营造一个良好的成长氛围；要深入了解班主任的实际需要，针对班主任的不同需要，要采取不同的激励方式，提高班主任的心理满意度，使他们始终保持良好的心态；要不断提高班主任的心理承受能力，使班主任保持心理平衡，其中包括班主任觉悟的提高，帮助班主任确立恰当的个人目标，制定个人专业发展计划，让班主任在工作中体会到成长和成功。

扩展阅读 */ 调整作祟心态，拒绝做职业倦怠者 /*

作祟的心态容易使我们走向职业倦怠。那么作祟心态有哪些？如何来调整心态，拒绝做个职业倦怠者。

- **作祟心态**

> *刚愎*：过度的自信就成了刚愎，刚愎的人是不在乎别人的看法和质疑的。新课程改革的今天，要求教师走集体合作之路，势必收到大量合作的效益。盲目自信，只能让自己处于封闭，把自己改变成彻头彻尾的倦怠人。

> *自卑*：自卑的人一般都喜欢把自己做一个结实的“自我保护”来保证自己不受到伤害，能脆弱的生活和工作下去，而倦怠的强度和韧性成为他们最佳选择。

> *习惯*：司空见惯，见得多了，便成了习惯。人就会失去自己的敏锐，变得没有任何感觉，习惯产生了倦怠。那是倦怠心理中最可怕的一个，它会随着习惯无限加深，直到不可逆转。

> *愤怒*：对抗愤怒的方法一般分三个步骤，一是努力反击，二是证明自己。而当一、二全部无效时，只有听之任之，用沉默来表示一种无声的对抗。所以愤怒需要妥善处理，否则，很容易让你在不知不觉中职业倦怠。

- **调整方法**

> 调整刚愎的方法：自信但不要过度，不要总躺在过去的成绩、荣誉和经验上，

教师这个职业是一个永无止境的学习过程。其实不用你去掌握多少东西，能得到一些新人的助力，加上你的经验，工作照样做得更好。抵抗这种倦怠的方法很简单，那就是虚心，虚心，再虚心，才能自豪，自豪，再自豪。

> 调整自卑的方法：放开自己不予保护，把自己的短处充分暴露出来，犹如一个人从零开始，做什么只能往上加分，而且安分做自己力所能及的工作。积累经验，你会发现自己有一个很美好的目标。

> 调整习惯的方法：给自己树立一个目标。千万别对任何东西失去兴趣。要知道批评也是领导对你的重视。

> 调整愤怒的方法：认识到工作上有些亏，也属于你工作的部分，有时有些亏是必须“吃”的，别总是站在你的高度看问题，尝试着换位思考，看看别人在处理事情的时候，站在什么样的高度。

· **辅助方法**

> 多和领导交流，这样会让你明白领导有什么想法，学校对你有什么要求和期望。

> 多读著名教育家的教育理论，做一些教育课题研究，尝试写读书笔记，做论文，培养自己对周围一切独立思考和保持感情上的敏锐和联系。

> 每天对自己说“我有一个目标”。订下当日工作计划，无论遇到什么困难，尽量完成。

> 放一放手头不愉快的事情，搞个聚会，让同事关系和朋友友情使你不能对任何事情无动于衷。

职业倦怠并不是可怕的心理疾病，我们如果能正确分析病因，调整好自己的心态，完全可以减弱或消除职业倦怠症。我们完全能以良好的心态投身到教育事业中。

学会人际沟通，解决人际烦恼

和谐的人际关系对于班主任发挥角色作用，取得工作上的成功感有着非常重要的作用。作为班主任，在班级管理的过程中要接触学生家长、任课教师、学校各种管理人员、社会上的各种人士等等，班主任的工作开展，实际上就是在和不同的人群打交道，从这个意义上说，要做好班主任工作，就必须善于处理好与班级学生、任课教师、学校、家长、社会等的多方关系。然而，在现实生活中，班主任在校园中的人际交往并不是那么理想，班主任一直被描述为一种孤独的职业，班主任的教学工作是独立、隔离、个人的作业，所谓“默默耕耘”，就是这种工作状态的真实写照，因此班主任要加强与各个层面的沟通。

[班主任与其他教师的沟通]

教师典型的工作方式和生存方式呈现出个体性、独立性的特征，每个教师都画地为牢，坚守着自己学科和课堂上的独立王国，再加上教师管理中的一些人为因素，又导致教师间不良竞争和相互排斥的交往异化，致使彼此之间走向孤立与封闭。班主任是联络其他科任教师的纽带。教书育人是每一位教师的职责，因为学生每一个良好习惯、优秀品质的形成，都要经历长期的反复的过程，只有班主任和科任教师齐抓共管才能有效。况且，由于学科性质不一样，教学要求、授课方式、教学风格便不一致，课堂管理方式也不一样，班主任以及各课任老师之间便容易产生摩擦，甚至发生冲突。这就需要班主任做好协调工作。班主任与科任教师要勤接触，多交往，要树立为科任教师服务的精神，从生活上关心科任教师，在教学中帮助科任教师树立威信。只有这样，教学工作才能协调发展，才能形成教育合力，提高教师群体的战斗力，增强教育教学效果。教师之间的合作，反映在班级管理上，应该是大家都树立班级“是你的、是我的、是我们的！”强烈意识，“该出手时就出手”，这样，才能给未来社

会培养出真正高素质的公民。

［班主任与家长的沟通］

班主任还是沟通家校的桥梁。教育是一项系统的工程，仅靠学校自身的力量是远远不够的，还需社会各方面配合，其中家庭教育尤为重要。班主任如何处理与学生家长的关系，将直接影响教育目标的实现，影响学生的健康成长。家长与班主任在教育目标上是一致的，都是为了学生的发展，这也是班主任和家长合作的基础。班主任与家长在教育学生的过程中，由于处于不同的立场，对同一问题的看法可能会不一致，矛盾的产生也就不可避免。这时，处于学校教育主导地位的班主任应主动与学生家长进行协调。就需要班主任通过家访、开家长会等形式，去协调和家长的关系，使学校教育和家庭教育合拍。班主任与学生家长应是一种十分重要的合作关系，班主任必须尊重学生家长，虚心听取他们的意见。实践证明，班主任只有强化和摆正与学生家长之间的关系，才能赢得家长的尊重、理解和合作，在学校教育与家庭教育间建立和谐、有序的联系，促使两者相辅相成，共同完成好培养学生的教育目标。

［班主任与学生的沟通］

沟通不见得能解决一切问题，但沟通的确有助于解决问题，而且有的问题纯粹是因为没有沟通或沟通不到而造成的。在教育实践中，一些班主任感到自己已经说了许多该说的话，讲了许多该讲的道理，但学生还是不听，这就是低效、甚至无效的沟通。其实，无论班主任所讲的话是多么正确，但是如果不能被学生接受、信服，就不可能产生真实意义的教育。可见，教育的有效性不仅在于教育内容的正确性，更在于教育沟通的有效性。没有有效的沟通，就没有教育。

· **师生有效沟通的必要条件：班主任要培养自己的同理心**

所谓"同理心"是指站在学生的立场去理解他们，在掌握造成某种状况原因的基础上，把你对学生的了解和感觉诚恳地说出来，并让学生理解。班主任对学生应该始终真诚、尊重和接纳你的学生。

> *缺乏同理心的沟通*

案例一：某同学在语文学习上存在一定的困难，几次考试成绩不及格，作文不会写。为此，他想找老师补课，可又怕老师不耐烦。为此，他非常苦恼，思想上有很大压力。一天，上课开小差了，又招来老师劈头盖脸一顿批评："学习那么差，还不专心听讲。你以为你很聪明呀？不想听我讲课，你可以出去呀！我没拦着你！你不想听我讲课，作业也不要交给我，我还不想给你改作业呢！"从这以后，这对师生僵持数日。这位老师连续数日不批改学生的作业，一心等着学生来道歉，而学生却在默默地期待着作业本上老师批阅过的红色笔迹。在连续几日的期盼落空以后，这位同学难过、失望、不满，流着泪决定破罐子破摔，放弃该老师所教科目的学习。

案例二：某同学在班里，成绩排名一向都是数一数二，班主任平时对其一贯宠爱有加。有一次，这名同学欺负了另一名成绩比较差的同学，被欺负的同学到办公室找班主任"告状"，班主任很不耐烦地说："某同学是非常优秀的学生，他怎么可能欺负你呀？他为什么不欺负别人偏偏喜欢欺负你？根本就是你不好！"成绩差的同学含冤无处伸，被班主任宠着的同学从此在班级更加趾高气扬。

以上两个案例说明，在缺乏同理心的情况下，老师很容易以自己的主观意志为转移来处理学生的问题，从而导致师生关系沟通失败。在师生沟通中，老师把自己的主观意志强加给学生，必然会使学生的心灵受到伤害。

> *使用同理心的沟通*

案例一：对比使用同理心前后

（班主任没有使用同理心时的处理办法）

学生：老师，今天我和二班的同学打架了，那个同学先动手，我也就……

班主任：我和你说过多少次了，不要打架！不要打架！你这个人就是爱冲动。我不想管你了，你自己到德育处去说吧，他们怎么处理就怎么处理了。

学生：得了，你就是想让我去德育处，你没安好心……

（班主任这样做，不仅问题得不到解决，还引起了学生对老师的憎恨）

（班主任使用同理心后的处理办法）

学生：老师，今天我和二班的同学打架了，那个同学先动手，我也就……

班主任：你又和同学打架了，虽然是对方先动手，但是你也动手了，现在知道自己不对了，是这样的吗？

（班主任使用初级同理心技术，回应了学生的感觉和想法）

学生：是的。

班主任：你现在对这件事情是怎样想的呢？

学生：我错了，我可以去向那个同学道歉，但……

班主任：你怕被学校处分，是吗？

（使用了高级同理心技术，回应学生叙述中隐含的感觉和想法）

学生：是的，我怕被德育处知道。

班主任：打架的事已是发生多次了，每次你都表示要改正，但是这次又重犯了，说明你的自控能力还不是很强。到德育处接受教育，能让你加深对这件事的认识，以防以后重犯，没有什么不好吧？

学生：也是，我下午就到德育处。

班主任先用初级技术和学生建立起了良好的关系，然后使用高级技术点出了学生内心中最大的顾虑——因为自己已是多次违规，担心被学校处分。由于班主任能主动发现学生的内心思想，学生自然会从心中佩服他，接下来对于班主任给予他的指导，学生就会去听、去接受，这样的教育才是有效果的教育。

案例二：班主任对学生同理心传递技巧

生：郭小龙老喜欢在上课时朝我做鬼脸，我很讨厌他！我下课后不跟他玩了。师：你不喜欢他这样对你，所以不跟他玩了。生：是的，我要跟余明和刘东玩。

生：这所学校真的不如我以前念的那所学校。那里的同学对我很和善。师：你在这里觉得很孤单。生：是的。

生：为什么老是下雨呀！雨天我们什么也不能玩，像走滑梯、打篮球什么的。师：你在教室里呆得发闷。生：是的，我希望我能够出去玩。

在以上的几个例子中，老师对学生的“意译”回应都很准确，知道学生内心的真正意思。这里要注意的是，在这几位老师对学生的回应中，老师仅仅只是着重对学生外在情况的“感受”，而非外在情况本身。也就是说，老师的责任在于学生本人的感受，在于设身处地地去了解学生此时此地的感受，而不带自身的价值观去评判他们所关注的对象。

- **师生有效沟通的保证**

> *“听”的艺术*

倾听是表达尊重的一个明显标志。“倾听”是满足学生感情上被接纳、受重视以及安全感需求的最为重要的工具。通过倾听，可以使学生感受到自己有价值。对于学生来说，得到倾听就意味着被理解，并且感觉到自己的思想和感情确实是有意义的。但在现实的师生沟通中，却经常产生这样的现象：班主任时常打断学生的诉说，急于回答学生的问题，或直接要求学生“应该”这样来处理问题。班主任若是喜欢从自己的愿望和主观判断出发，希望尽快出现自己所期望的结果，希望学生尽快接受班主任的影响，那么，这样的倾听既无助于问题的解决，还会给学生带去消极的信息，学生会以为老师对他说的话远比他自己要对老师说的话重要，也就不愿意再对老师说什么了。因此，学生说话时，班主任要注意对方说话的心境、内在含义，注意对方的

感情及变化，并作出积极的反馈。一要积极。在倾听学生说话时，班主任要注意面部表情、目光、体姿、动作等肢体言语的沟通。平和、安详、微笑、愉悦的面部表情能给人以信赖、尊重、爱护、重视等心理感应，柔和关切充满慈爱的目光交流，微微倾向学生的体姿以及接纳、理解、善意的动作都能透露教师积极热情的态度。一般说来，积极地倾听学生说话，可以增进师生双方的信心和理解，减少误会和冲突，增加实现愿望的机会，增进师生感情。二是耐心。当学生说话不具体时，班主任可以建议学生讲得更详细，学生讲完话时，班主任可以亲切地问："还有其他吗？"、"再想想"或者"请继续说下去"。这样就会使学生的谈兴更浓，把更多的想法和消息真真切切地告诉老师。三是心诚。班主任听学生说话时，回馈要具体、明确，并经常交换回答方式，比如"是的……"、"嗯……"、"很好……"、"请继续"等等。在回答时最好不要对学生所说的话进行直接评论或否定，而应用心去体会对方的感情，真诚地理解对方，并适当地用一些描述性语言作为回应，如"我理解你的想法"、"我支持你的做法"等等。

> "说"的技巧

说话是沟通的主要方式之一，是班主任对学生施行教育的重要手段。说话要遵循有趣原则：语言诙谐，表述风趣，态度和蔼；有据原则：分析可信，举例无疑，引证确凿；有数原则：区别对象，明确目的，预期效果；有度原则：掌握时机，恰当表述，控制情绪。说的方式：对集体可以采取的说话方法有：漫谈式——"形散而神不散"；问答式——"记者招待会"；讨论式——"主题辩论式"；与个别学生谈话采取的方法有：和风式——"春风化雨，润物无声"；诱导式——指点开导，循循善诱；爱抚式——施以爱心、诚心与情感，给予温暖；暗示式——"兴发于此，意归于彼"，笔谈式——笔墨交流，"无声胜有声"；警示式——响鼓重锤，催其自新；直接式——单刀直入，就事论事；示范式——树立榜样，励志感化。说的内容上要避免否定其直觉：

就你能，你的感觉就那样好？驱斥其情感：你跟他还玩得拢，简直无可救药！否认其愿望：就你的成绩，还想考一中？嘲笑其嗜好：你还爱打篮球，技术又不怎么样！诽谤其意见：说什么说，你以为你是谁？损毁其品格：上课时你递什么条子，简直道德败坏，居心不良！羞辱其个人：我看，你对自己是一点办法都没有了，你怎么这么笨！反驳其经验：你懂什么，我走的路比你过的桥都多！班主任“说”应注意言语的副作用与影响；避免拒绝性、排斥性的谈话；要能控制和管理自己的情绪。班主任的“说”忌辱骂责备：你简直是不可救药，来学校纯粹是混日子！忌道德说教：你们现在的学习条件多好，衣来伸手，饭来张口，要懂得珍惜，要为父母争气！忌命令指使：把你家长叫来！忌训诫指责：就你特殊，你以为你是谁？忌嘲讽轻视：这么简单的题都不会，都讲过几遍了？你能不能长点记性！忌威胁利诱：你不想读就回家去，反正我迟早要停你的课！忌消极预测：你再这样下去，恐怕连一中线都上不了！忌苛责逼迫：你昨晚上干什么去了，总迟到？到办公室去说清楚！

身边的故事 ／

万红是一个初二的学生，她与同班的一个男生“早恋”，成绩直线下降。班主任老师约她到办公室来谈话。在谈话前，万红就知道老师会与她谈什么了——她的老师在前几天就警告过她：“如果你再这样下去，我就要对你采取一系列的措施了！”其实，万红的内心世界也非常烦恼：她的成绩在下降，她也不想与一个男生的交往超出普通朋友的关系。可是，她又无力抗拒自己对这份温暖情感的吸引，因为在与他交往的时候，她感受到了他对她的喜欢，这让她好放松，好开心。她不知道该如何处理这样的情感。班主任的话让她更觉得自己不被接纳的苦恼和得不到帮助的孤独。

想一想 ／

班主任怎样与万红沟通才合适呢？

分析 /

很多的时候，班主任与学生的沟通都会采取以下这些形式，一是命令："不许你谈恋爱，去把学习抓好！"二是警告："如果你再这样下去，我就要对你采取一系列的措施了！"三是说教："你应该与他断绝关系，好好学习，这样对你有好处。"四是中伤："你以为你很聪明吗？不要自以为懂得很多！"五是泛泛而谈："你是一个好孩子。""你让我真失望。"六是道貌岸然："你这样的事我见多了，从心理学上讲，这是青春期的躁动，从社会学上讲，这是当代青少年的一般特点……"七是喋喋不休："我说了你多少次了，你还不改，你是不是还要我多说一次，我再说一次，你再不改，我就不想再说了，但作为老师，我又不得不说，不得不说，我还是要说，那你一定要改，否则我还是要说的。"凡此种种都是无效的沟通，都忽略了学生的感受。有效的沟通，班主任就应该做到同理心。

[人际沟通的技巧]

如何提高人际关系是一门很深的学问，许多班主任曾为此发愁，甚至有人因此出现心理健康问题，影响正常生活。那么到底要如何提升工作和生活中的人际关系呢？下面就给大家提出一些建议。

- **自信与换位思考**

班主任首先应学会认识、接纳自己，增加自己的信心，以一种开放的心态走出自己狭隘的天地，以一种自信的姿态面对他人，主动与他人交往。但是在交往过程中，班主任也要学会理解、尊重他人。因为人与人之间存在许多不同，比如年龄差异，阅历差异，还有家庭背景的差异，个人修养和能力的差异等等，这些都会造成人们在看待和处理事物时候的分歧。因此，班主任要学会站在别人的立场，设身处地地多为别人考虑。换位思考就是置身于别人的内心世界去体验他的思想和行为。很多时候，人际冲突的根源都是以自我为中心，不能站在对方的角度看问题。因此能够懂得换位思考对提升人际关系很有帮助。那么如何做到具备换位思考的能力呢？首先要以沟通双方的内心世界为交往目的，尊重对方，平等交流；其次，听比说更重要；第三，要设身处地，感同身受，并善于表达自己的想法；第四，敏感接受并善于运用非言语手段；第五，注重培养自己豁达、宽容、善良的个性特征。除此之外，还要能容纳别人与自己不同的观点。只有这样的坦诚、友好、信赖、尊重、同情与理解，才能加强人际间的互助关系。

- **学会幽默**

幽默能使人感到轻松愉快，有助于沟通，而自嘲被看作是幽默的最高境界。能自嘲，是心胸开阔、为人宽厚、随和幽默的表现，没有豁达、乐观、超脱的心态和胸怀，是无法做到自嘲的。一个善于自嘲的人，往往就是一个富有智慧和情趣的人，也是一个勇敢和坦诚的人，更是一个将自己里里外外看得很明白的人。自嘲既不会伤害自己，也不会伤害别人，是交际中最为安全的沟通方式。它可以用来活跃气氛，增加人情味；可以用来稳定情绪，赢得自信；也可以用来作为拒绝之词，增进交际双方之间的情谊。在现实生活中，因外在形象不美而遭到他人嘲笑的事常有发生。而面对嘲笑时，有的人暴跳如雷，反唇相讥；有的人我行我素，不予理睬；有的人闷在心里，寻机报复。这些做法要么欠妥当，要么不应该。那么，面对他人的嘲笑，应该怎样做才是正确的选择呢?答案是自嘲，面对别人的嘲笑时，自嘲一下，不仅可以为自己找到下台的台阶，化解难堪和尴尬，还能产生幽默的效果，让别人感觉到你的可爱与豁达。有一位教师，虽然只有40多岁，但头发大多掉光了，露出了一片“不毛之地”。他第一次给学生上课，刚走进教室就听到一声“嘀，好亮”的叫声。等到他登上讲台，一个学生又低声哼起了“照到哪里哪里亮”的曲调，引得全班同学哄堂大笑。这位老师走到那个学生旁边，问道：“你叫什么名字?”那个学生红着脸站了起来。此时全班默无声息，似乎在等待一场雷霆的爆发，可是这位教师轻轻地拍拍学生的肩膀，平静地对

他说：“请坐下吧，课堂上随便唱歌可不好呀！”说完，这位老师又接着拍了拍自己的头，爽朗地笑了起来，说：“不过，这也太显眼，太引人注目了。你们也许听说过‘热闹的马路不长草，聪明的脑袋不长毛’这句话吧。”两句话又把全班同学逗得哈哈大笑起来。接着他干脆在课堂上向同学们讲明了因病脱发的原因，最后，他还加了一句：“头发掉光了也有好处，至少以后我上课时教室里的光线可以明亮多了。”他的话一说完，同学们又是一阵大笑，老师也开怀大笑。在笑声中，师生之间完成了有效的沟通，缩短了距离，化解了可能产生的紧张和对立；在笑声中，同学们感受到了这位老师的善良可亲幽默豁达。从此这位老师上课的效果也格外地好。

- **注意人际距离**

人就像刺猬，既不能太远，那样会感到孤单，也不能太近，那样会刺着对方。要给对方足够的空间。过度的交往是有害的，因为人际交往是充满了刺激的事件，需要身体和心理能量去应付。其次在交往情境当中，人的心理能量倾向于外面，很少能够对自己进行细致深入的反思，所以过度交往的人容易变得浮躁和浅薄，尤其是在那些缺乏思想和情感交流的应酬，孤独中的沉思能够丰富自己的精神资源，提高自己的心理成熟度和思想深度，可以说，一个人对孤独的承受能力显示出他的心理成熟水平。

在真诚的前提下掌握必要的人际交往技巧，有意识培养增进人际吸引的个性特征，理解并尊重他人的个人心理空间，检点自己的行为，不干扰别人的事物和浪费别人的时间。即使对最亲密的家人和朋友，也要注意保持对他们个人心理空间的敏感理解和尊重。交往当中要多与对方进行思想、信息、情感的交流，不要仅限于陪伴。当然，也要设法让别人意识到自己的心理空间的范围，当别人有可能侵入自己的心理空间时采取适当的方式婉言拒绝。

扩展阅读 / 人际交往的秘诀 /

人是社会动物，在社会中无时无刻不在与别人打交道。保持良好的人际关系是拥有愉悦心情的关键，它不仅会让你的家庭幸福美满，而且会使你的事业顺利，从而实现人生目标。与拥有丰富的人生阅历相比，拥有正确的交往思路和熟练的交往技巧更会给美满的人生带来良好的人际交往关系。下面给大家介绍一下人际交往的秘诀。

- **秘诀一：诚实守信**

对待同事朋友应光明磊落，说话要讲信用，不能欺骗同事和朋友，更不能以损害他人利益为手段而达到个人某种目的。损害他人利益的人是不会有知心朋友的，而且最终要落个不欢而散的下场。对待朋友要忠诚，不要因同事朋友遇到某种逆境而另眼相看，自己得意之时而趾高气扬，目空一切，忘记同事朋友。人必须有善心，有善心的人，才具有宽广的胸怀，包容他人的精神。

- **秘诀二：善于观察人的表情**

人际交往的复杂是众所周知的，然而尽管如此，其实在与人交往时，有很多细节如果注意到那么对提升你的人际交往能力是非常有效的，在与人交谈中这四种表情含义你需要读懂。

> *眼睛向下看，嘴角下垂*：听别人谈话时，眼睛向下看，嘴角下垂者往往是想保持自己的权威和尊严。如果眼睛闭成一条缝，可能就是表示他非常疲倦了，说话的人就要注意，此时要么就此打住，要么转移话题。

> *咬嘴唇和舌头*：习惯做这种动作的人，从性格上看，一般是心无城府、喜怒形于色。如果听人说话时，有些人做这种动作，说明他们对别人讲话的内容不太感兴趣，或者是想发表自己的看法，但又不知道如何开口。

> *一直微笑地看着对方*：有些人总是静静地听别人说话，并一直面带微笑地看着对方，其实这并不意味着他们赞同对方的观点，微笑通常只是掩饰其内心最得体

的方法。这类人的个性通常是做事不露锋芒，不爱表露自己的真实想法，喜怒不形于色，谨小慎微，即使在复杂的人际关系中，他们也能游刃有余。

> *皱着眉头*：听别人说话时，有类人总习惯皱着眉头，很少发表意见。其实，这并不表示他们反对发言者的言论，恰恰可能是因为他们正在仔细听对方的话，并进行深入的思考。这类人通常具有批判精神，总试图提出与众不同的意见。另外，还有些人皱眉头是因为他们对别人的发言内容不敢苟同。

- **秘诀三：掌握说的原则**

> *讲出来*：尤其是坦白地讲出来你内心的感受、感情、痛苦、想法和期望，但绝对不是批评、责备、抱怨、攻击。

> *不批评、不责备、不抱怨、不攻击、不说教*：批评、责备、抱怨、攻击这些都是沟通的刽子手，只会使事情恶化。

> *绝不口出恶言*：恶言伤人，就是所谓的“祸从口出”。

> *不说不该说的话*：如果说了不该说的话，往往要花费极大的代价来弥补，正是所谓的“一言既出，驷马难追”、“病从口入，祸从口出”甚至于还可能造成无可弥补的终生遗憾！所以沟通不能够信口雌黄、口无遮拦，但是完全不说话，有时也会变得更恶劣。

> *说对不起*：说对不起，不代表我真的做了什么天大的错误或伤天害理的事，而是一种软化剂，使事情终有“转圜”的余地，甚至于还可以创造“天堂”。其实有时候你也真的是大错特错，死不认错就是一件大错特错的事。

> *承认我错了*：承认我错了是沟通的消毒剂，可解冻、改善与转化沟通的问题，就一句：我错了！勾销了多少人的新仇旧恨，化解掉多少年打不开的死结，让人豁然开朗，放下武器，重新面对自己，开始重新思考人生，甚至于我是谁？在这浩瀚的宇宙洪流里，人最在意的就是“我”，如果有人不尊重我、打压我、欺负我或侮辱我时，即使是亲如父子，都可能反目成仇。

- **秘诀四：掌握沟通的原则**

> *互相尊重*：只有给予对方尊重才有沟通，若对方不尊重你时，你也要适当地请求对方的尊重，否则很难沟通。

> *觉知*：不只是沟通才需要觉知，一切都需要。如果自己说错了话、做错了事，如不想造成无可弥补的伤害时，最好的办法是什么？“我错了”，这就是一种觉知。

> *让奇迹发生*：如今自己愿意互相认错，就是在替自己与家人创造了天堂与奇迹，化不可能为可能。

> *理性的沟通*，不理性不要沟通：不理性只有争执的份，不会有结果，更不可能有好结果，所以，这种沟通无济于事。

> *情绪中不要沟通，尤其是不能够做决定*：情绪中的沟通常常无好话，既理不清，也讲不明，尤其在情绪中，很容易冲动而失去理性，如：吵得不可开交的夫妻、反目成仇的父母子女、对峙已久的上司下属……尤其是不能够在情绪中作出情绪性、冲动性的“决定”，这很容易让事情不可挽回，令人后悔！

> *耐心*：等待唯一不可少的是耐心，有志者事竟成。

> *等待转机*：如果没有转机，就要等待，当然，不要空等待成果就会从天下掉下来，还是要你自己去努力，但是努力并不一定会有结果，或舍本逐末，但若不努力时，你将什么都没有。

> *智能*：智能使人不执着，而且福至心灵。

> *爱*：一切都是爱，爱是最伟大的治疗师。

掌握宣泄途径，释放心理负担

身为一名班主任，每天要处理很多繁杂的事务，工作压力过大，工作强度也较大，这样

比较容易产生不良情绪，因此，作为班主任应该掌握一些宣泄的途径，来释放心理负担。

[宣泄法]

宣泄法是一种将内心的压力排泄出去，以促使身心免受打击和破坏的方法，通过宣泄内心的郁闷、愤怒和悲痛，可以减轻或消除心理压力，避免引起精神崩溃，恢复心理平衡。弗洛伊德指出：每个人都有一个本能的侵犯能量储存器，在储存器里，侵犯能量的总量是固定的，它总是要通过某种方式表现出来，从而使个人内部的侵犯性驱力减弱。"喜怒不形于色"不仅会加重不良情绪的困扰，还会导致某些心身疾病。因此，对不良情绪的疏导与宣泄是自我调节的一种好办法。一位班主任受到校长训斥后很沮丧，不久引发了胃病，药物治疗也不见效。心理学家建议他在踢球的过程中把球当做校长的屁股狠狠地踢，采用此法后他的胃病果然好多了。这种不损害他人，又有利于排解不良情绪的自我宣泄法，可以借鉴。不过这种宣泄应该是合理的。简单的打打砸砸，吼吼叫叫，迁怒于人，找替罪羊（丈夫、妻子、孩子、同事），或发牢骚、说怪话等都是不可取的。宣泄应是文明、高雅、富有人情味的交流。有人说："一份快乐由两个人分享会变成两份快乐；一份痛苦由两个人分担就只有半份痛苦。"如果把自己的烦恼、痛苦埋藏在心底里，只会加剧自己的苦恼，而如果把心中的忧愁、烦恼、痛苦、悲哀等等，向你的亲朋好友倾诉出来，即使他无法替你解决，但是得到朋友的同情或安慰，你的烦恼或痛苦似乎就只有半个了，这时你的心情就会感到舒畅，该哭的时候就痛痛快快地哭一场，释放积聚的能量，调整机体的平衡，大雨过后有晴空，心中的不良情绪会一扫而光。具体的宣泄方法有以下几种。

- **不妨痛哭**

哭是一个非常好的心理释放。作为一种纯真的情感爆发，是人的一种保护性反应，是释放体内积聚的神经能量、排出体内毒素、调整机体平衡的一种方式。哭是人类的一种本能，是人的不愉快情绪的直接外在流露。现实生活中除了过度激动外，哭总是由不愉快引起的。因此从医学角度讲，短时间内的痛哭是释放不良情绪的最好方法，是心理保健的有效措施。因为人在情感激动时流出的泪会产生高浓度的蛋白质，它可以减轻乃至消除人的压抑情绪。有关专家对此进行研究，其结果表明健康男女哭的要比有病者哭的多。不过只是在内心受到委屈和不幸达到极大程度时才哭，如果遇事就哭，时时哭哭啼啼，事事悲悲泣泣，反而会加重不良情绪体验。

· **学会倾诉**

当遇到不愉快的事时，不要自己生闷气，把不良心境压抑在内心，而应当学会倾诉。每个人的周围总会有几个知心朋友，当产生不良情绪时，朋友们聚一聚，一壶清茶，一杯咖啡，就事论事倾诉一番，把自己积郁的消极情绪倾诉出来，以便得到别人的同情、开导和安慰。美国有关专家研究认为："一个人如果有朋友圈子，就能长寿20年"，可见，朋友对一个人生活的重要性。班主任因为工作方式的相对独立性，容易造成人际交往范围狭小、人际协作有限和自我封闭。因此，当我们老师出现心理压力和紧张情绪时，就会常常感到孤独、无援、痛苦。与人交谈不仅可以使我们内心的消极情绪得到一定程度的宣泄，把积郁在心里的能量及时释放出来，也可以使我们老师获得朋友、亲属及社会上其他人的理解和支持，从而帮助我们抵御沉重的心理压力，消除紧张情绪。

· **把压力、烦恼写出来**

把压力、烦恼写出来，哪怕有点夸张"为赋新词强说愁"。还有一种更为直接的方法就是记压力日记，把引发你压力的事件记录下来，再作理性分析，然后找出相应的对策。

· **高歌释放**

音乐对治疗心理疾病具有特殊的作用，而音乐疗法主要是通过听不同的乐曲把人们从不同的病理情绪中解脱出来。殊不知，除了听以外，自己唱也能起同样的作

用。尤其高声歌唱，是排除紧张、激动情绪的有效手段。当人们不满情绪积压在心中时，不妨自己唱唱歌，歌的旋律，词的激励，唱歌时有节律的呼吸与运动，都可以缓解紧张情绪。俗话说，一唱解千愁。

· **宣泄室宣泄**

去宣泄室！在那里，可以把想打的人痛打一顿，把想骂的人痛骂一番。或者大喊大叫、扭毛巾、打枕头、捶沙发等。还可随身携带一个小皮球，郁闷的时候、要发火的时候，就狠狠地捏它一下。

· **以静制动**

当人的心情不好，产生不良情绪体验时，内心都十分激动、烦躁、坐立不安，此时，可默默地侍花弄草，观赏鸟语花香，或挥毫书画，垂钓河边，这种看似与排除不良情绪无关的行为恰是一种以静制动的独特的宣泄方式，它是以清静雅致的态度平息心头怒气，从而排除沉重的压抑。这种方式往往是知识型社会成员的选择。

现实生活中宣泄的方法很多，人与人因个体差异和所处环境、条件各异，采用宣泄的方式也不同，从小小的一声叹气，到大声痛哭、疾呼、怒吼以及打球、散步、聊天等都可以起到宣泄作用。

[转移注意法]

心理学研究发现，人们在很多情况下产生的紧张情绪是由于他们过分注意那些令人担心的事物或情境所造成的。由于他们的注意力“固定”在这样的事物或情境上，因此注意和紧张就构成了一个互相强化的系统，越注意越紧张，越紧张越注意，恶性循环，使心理压力不断加强。当情绪处于高度紧张时，转移注意不失为消除紧张情绪的一种有效方法。所谓转移注意，就是指人有意识地变换活动方式，使意识离开引起人们紧张情绪的刺激情境，暂时脱离长期关注的事物。其原理是在大脑皮层产生一个新的兴奋中心，通过相互诱导、抵消或冲淡原来的优势兴奋中心（即原来的不良情绪中心）。当与人发生争吵时，马上离开这个环境，去打球或看电视；当悲伤、忧愁情绪发生时，先避开某种对象，不去想或遗忘掉，可以消忧解愁；在余怒未消时，可以通过运动、娱乐、散步等活动，使紧张情绪松弛下来；有意识地转移话题或做点别的事情来分散注意力，可使情绪得到缓解。当人们变换活动方式时，大脑皮层的优势兴奋中心就从一个区域转移到另一个区域了，人的情绪也就从一种状态转化为另一种情绪状态了。转移注意的具体方法很多。如经常进行体育锻炼，适当从事家务劳动、丰富业余生活等。这里介绍几种，供班主任们参考使用。

- **从反方向思考**

班主任面对困境、情绪懊丧时，不妨从相反方向思考问题，这能使人的心理和情绪发生良性变化，得出完全相反的结论，使人战胜沮丧，从不良情绪中解脱出来。从前，有个老太太整天愁眉苦脸：天不下雨，她就挂念卖雨伞的大儿子没生意做；天下雨了，她又忧心开染房的二儿子不能晒布。后来，有个邻居对她说："你怎么就不反过想想呢？如果下雨了，大儿子的生意一定好；如果不下雨，二儿子就可晒布。"老太太一听恍然大悟，从此不再愁眉不展。这个故事就是反向心理的极好诠释。对于这个问题，英国文学家萧伯纳讲得更为明确。曾有一名记者问萧伯纳："请问乐观主义者与悲观主义者的区别何在？"萧伯纳回答："这很简单，假定桌上有一瓶只剩下一半的酒，看见这瓶酒的人如果说：'太好了，还有一半。'这就是乐观主义者；如果有人对这瓶酒叹息：'糟糕！只剩下一半。'那就是悲观主义者。"当我们遇到困难、挫折、逆境、厄运的时候，运用一下反向心理调节，从不幸中挖掘出有幸，使情绪由"山重水复"转向"柳暗花明"摆脱烦恼。

- **运动**

肌肉放松可以调节情绪紧张度，减轻压力感；肌肉紧张(运动)也能减轻情绪紧

张，缓解心理压力。肌肉运动不仅可以转移注意力，而且可以使体内的紧张情绪得到宣泄和释放，降低情绪紧张度。另外，肌肉运动还能够有效地增强人的信念，发现自身的潜能，履行自己的社会义务，从而使人感受到生活的美好。因此，我们在紧张的学习工作之余，利用学校体育场地、设施等便利条件，经常进行体育运动不仅必要，而且可能。活动也是为了调节大家的心情和放松压力源，有利于我们班主任的身心健康的一种很好的做法，希望大家积极参与，“我运动、我快乐！”。

- **丰富业余生活**

开展丰富多彩的业余活动也是一种减压调心的方法，尤其是双休时间，大家可以到大自然中去感受田园生活的乐趣，看山观河，放下一切，独自享乐，也可以起到调节我们班主任紧张的生活节奏的作用，从而使情绪得到松弛，达到减轻心理上的压力感。同时，又能陶冶性情，使人心胸开朗，增强心理承受能力。

身边的故事 /

26岁的小华在某中学担任班主任。“我曾经紧张得梦到自己迟到！”小华说，刚担任老师的时候，要上公开课接受学校检查，很紧张。第一次上公开课时表现不太好，她晚上加班补充，准备第二天上课时表现得好些，由于精神忧虑、加上太过劳累，晚上不断失眠，后来好不容易睡着了，竟然又梦见自己去上课迟到了，吓出一身冷汗从梦中惊醒。她表示，尽管学校没有末尾淘汰制，但如果做得不好，弄得家长、学校都不满意，自己也会没信心做下去的。

想一想 /

怎么才能放下心理负担呢？

分析 /

放下压力吧！累与不累，取决于自己的心态。心灵的房间，不打扫就会落满灰尘。蒙尘的心，会变得灰色和迷茫。我们每天都要经历很多事情，开心的，不开心的，都在心里安家落户。心里的事情一多，就会变得杂乱无序，然后心也跟着乱起来。有些痛苦的情绪和不愉快的记忆，如果充斥在心里，就会使人萎靡不振。所以，扫地除尘，能够使黯然的心变得亮堂；把事情理清楚，才能告别烦乱；把一些无谓的痛苦扔掉，快乐就有了更多更大的空间。

［自我催眠法］

所谓自我催眠，即指自己诱导自己进入催眠状态，利用“肯定暗示”促使潜意识活动，从而达到治愈疾病、调节身心的目的。它的特点是，在任何时候，任何场合都可以进行。它的操作过程简便易学，从开始到结束都完全由自身控制。它对于调整自我心态、提高身心效率、开发自我潜能、缓解心理压力都有一定的作用。

［放 松 法］

这里说的是放松训练，放松心态，放松身体。

- **放松训练**

这是国内外广泛应用的控制紧张情绪的常用方法，主要是通过肌肉、骨骼关节和呼吸的放松以及神经放松等基本动作来降低机体能量的消耗，从而达到控制情绪强度的目的。神经放松，尤其是大脑的放松最为重要，其中颈部的放松动作对于消除紧张情绪十分重要。因为我们人的颈部位于中枢神经系统的中间位置，是联系大脑和脊椎的桥梁，颈部肌肉和骨关节的放松可以导致来自内脏器官的兴奋冲击的降低或中断，从而使得紧张的情绪状态失去激发的物质(神经能量)基础，进而降低情绪的紧张性。

- **放松心态**

放松心态就会把什么功名利禄，什么荣誉、职称、成绩通通看淡，这样都是尽力而为，不要莫名给自己加压，是你的就是你的，不是你的不要硬抢，别人有了成绩不

眼红，自己没有成绩不着急。想想人若是总为这些而活，岂不太累？

· **放松身体**

放松身体，比如说自己喜欢的体育锻炼，什么也不想的时候投入到身体锻炼中，呼吸新鲜空气，这样就会觉得很轻松。另外练瑜伽也可以起到放松身心的作用。许多人只认识到瑜伽功对减肥、美容、护肤有帮助。其实，瑜伽功更大的作用在于对人的心身的高度放松。现代人的生活节奏越来越快，工作压力也大，通过瑜伽来放松身心，不失为一种明智的选择。用瑜伽呼吸法来减压是一种很好的方法。

[情绪对比法]

情绪对比就是使两种对立的情绪发生冲突，使正面的积极情绪战胜消极的反面情绪。具体做法就是当我们感到紧张、压力大时，找来一些极幽默的笑话、相声、漫画、书籍等来听或看，并从内心发出开怀大笑。人在笑时，体内心、肺等内脏器官得到了短暂的运动锻炼，一方面增强了有机体的免疫力，另一方面刺激大脑产生出一种叫做儿茶酚胺的激素，这种激素是人体内的一种天然麻醉剂，它的作用就是帮助人们减轻疼痛和不舒服感，消除厌烦、忧郁和紧张的心理状态。

压力无所不在，我们必须认真对待心理压力问题，并及时地、适当地通过情绪调节来缓解心理压力，为它找个出口，它就不会给精神带来太重太大的伤害。希望上述方法能帮助班主任老师们用稳定的情绪、健康的心理去直面纷繁复杂、瞬息万变、竞争激烈的社会。

扩展阅读 */ 缓解压力的小策略 /*

· **策略一：改变生活方式**

与你的她/他沟通交流，让你最亲近的人明白你的心理，即使不一定可以帮你分担，她/他的贴心、理解、心疼的话也可以让你感觉温暖，舒缓疲累的心，坚定动摇的信念；确定一个“放松时段”融入到日常生活里，试着养成放松的习惯；不要让压力积起来；避免劳累过度或接受太多的工作任务；尽可能多做令你感到愉快的事情；登高，然后静静地坐着，眺望远方，想着自己仅仅是这世界的一粒微尘，没必要也没能力扛着整个世界前行；找一寂静处或去KTV痛快淋漓地唱自己喜欢的歌；做运动，打打平时喜欢打但没时间打的游戏，健身，做俯卧撑练肌肉让自己出汗然后洗一热水澡；参与集体运动，像打篮球、乒乓球，既增进交流，又放松身心。

- **策略二：学会处理冲突**

避免争执：每个人都遇到过与朋友、家人或同事在某个问题上产生冲突的情况。争执会造成压力，但冷静、克制、自信以及据理力争会缓解这种压力。

处理冲突：要谨慎地选择你的语言，要诚实、自信、得体。

保持中性：处理冲突的一个技巧叫“保持中性”，它是把话中的“刺”剔掉，重新组织起话的内容。举个例子，如果有人说“我无法和老板相处”，你回答，“你想讨论改善你和老板的关系。”

- **策略三：进行自我激励**

承认你能从错误中吸取教训，下一次更正。告诉你自己：“我已经做得最好，对我来说已经足够好了。”“金无足赤，人无完人。”“即使我不时地失败，人们仍会喜欢我。”“犯错误并不意味着做人的失败。”提升自我的肯定度，增加安全感，对自己有信心，将可摆脱别人给予的阴影，因此我们应了解自己的长处，常常肯定自己的优点，如果我们在某方面失败时，就多想自己的优点，不要为一点挫败而自贬太多。

- **策略四：常存感恩之心**

有些人对每一个现况都会埋怨，一直不满意，永远要追求更好的，如果在追求的过程中，只注意到未来的目标，就会失去享受现在所得的快乐，于是便一直在承受

压力。所以学会对于现今所拥有的，持感恩的心情，你会觉得好多了。

精彩回顾 */ 90–123页 /*

> 首先分析了中学班主任常见的心理问题，介绍了中学班主任常见的心理问题，包括职业倦怠、人际关系问题和情绪不良，并进一步揭示这些问题的根源。

> 针对中学班主任职业倦怠的现状，提出一些对症下药的策略，包括自我心理保健的途径：加强自我觉察、认知调整、生活调整、创造与提高能力；通过专门的组织形式干预：学校和教育管理机构应当更新评价机制、提倡人性化学校管理便于班主任掌握使用等，最终克服职业倦怠。

> 和谐的人际关系对于班主任发挥角色作用，取得工作上的成功感有着非常重要的作用。因此，班主任应该学会人际沟通，解决人际烦恼。

> 中学班主任每天要处理很多繁杂的事务，工作压力过大，工作强度也较大，这样比较容易产生不良情绪，因此，作为班主任应该掌握一些宣泄的途径，来释放心理负担。包括宣泄法、转移注意法、自我催眠法、放松法、情绪对比法。

提高心理素养的方法

心不忧乐，德之至也；通而不变，静之至也；嗜欲不载，虚之至也；无所好憎，平之至也；不与物散，粹之至也；能此五者，则通于神明。

——【汉】《淮南子·原道训》

［案例导读］ 年轻班主任的心理困惑[1]

案例 ／

我是一个年轻教师，工作三年多了，作为班主任一看到学生不听话就总想发火，而且又要面对沉重的升学压力，孩子们不急我却急得经常暴跳如雷。虽然工作成绩家长和学校都是很认可的，但我不满意自己在这个过程中发了火，如果我不发火，工作是不是更好做呢？或者不发火，工作一样能够完成，那又何必增加学生和我之间的隔阂呢？

分析 ／

人格魅力最重要，发火不发火只是外在的表现。一个成功的人处世能力高于工作能力。做人要厚道，予人以温暖，润物细无声，说来容易做来难。发火是因为承受压力太大，是一种宣泄的表现。一个能够把握工作、驱动人群去取得好的效益的人确实不是应该随便发火的。你要学会自我减压，别把一些小事看得太重，这样会减少你发火，也不用自己忍得那么苦了。任何一件工作都不是一个人可以完成的，都必须大家相互配合，所以一定要与学生真正建立起愉快的师生关系。一个脾气不好的老

[1] 和平教育网http://www.hpedu.com.cn

师，就会被学生所恐惧，学生不能亲其师，又怎么能信其道呢？话说回来，火该发得发，不发下次还会犯同样的毛病。但，关键要知道发火的目的，发火是为了能尽快解决问题，避免下次再犯同样问题。当然发火要有艺术，要在适当的时候发。要做到收放自如。有时候发火是可以帮别人改进的，当然没必要的发火是不可取的。这也是心理不成熟和教育心理不健康的一面。

引发深思 ／

一个无法回避的问题：过重的工作压力导致教师心理空间被严重挤压扭曲。“我一向不服输，过去工作再苦再累我都能忍受，可近来不知何故我开始变得脆弱、多虑，常常是事情还没开始做，便事先设想出多种后果，老是担心教不好课程，担心教学质量上不去，担心最后考不过人家……总之，考不完的试，做不完的活，操不完的心，压得我透不过气来，整日惶恐不安、心绪不宁，几乎无法正常工作和生活！”这反映出当前在教学任务繁重，升学压力过大，工作超负荷的现实情况下，许多中学教师真实的生存状态。

众所周知，教师的职责是教书育人，育人的内容又包括了育德、育心。心理健康是教师素质的核心要素，也是教师整体素质提高和教育教学质量提高的基础与保障。如果教师自身缺乏健康心理，何以能够培养出心理健康的学生？据北京市教科院日前披露的《师源性心理伤害的成因及对策》的调查报告显示，打骂学生、讲课死板、对工作不负责任、偏心等不被学生喜欢的行为会给学生心理造成伤害，构成师源性心理伤害。

因此，我们完全可以这样说，心理不健康的教师对学生身心造成的危害，某种意义上远远超过其教学能力低下对学生学业所产生的影响，心理不健康的教师只会源源不断地“制造出”心理不健全的学生，教师心理健康是培养儿童心理健康的必要前提。如果我们再从更高、更深、更远的角度来看，教师的心理健康，将会直接、间接地影响整个社会和民族心理的健康，关系到中华文明的明天！

通过上述分析，班主任应该认识到提高自身心理素养的重要性。在目前教育体制改革的竞争中，只有正视现实、不断进取，才能适者生存。身为班主任，只有不断提高自身的综合素质，与时俱进，才能找到应有的位置，也才能真正拥有心理上的安全感。同时，班主任自身也要有意识地增强心理健康意识，及时有效地克服和化解不良情绪，保持一种健康的心态。

培养高尚情感，带给学生温暖

班主任的教育情感是指对自己所担任的班主任工作的一种态度，是伴随教育意识而出现的一种内心体验，并且随着教育意识和世界观的发展而丰富起来。深厚的教育情感会使教师忠诚于人民的教育事业，热爱班主任工作，努力在教育实践中有所建树。中学生正处于人生观、价值观形成时期，他们渴求别人的理解、认同。对于他们来说，班主任的高尚情感至关重要，下面我们先看一组案例。

案例一：有一位中学老师，他从初一开始接了一个班，班中有一位学生，上课从来不举手，即使老师点名，她也不发言，已经到了初二第二个学期了，她还是如此，有一天，老师为了让她发言，就想出一绝招。老师首先叫这个学生站起来回答问题，而这位学生站起来，可是头是低下的。老师说："请你抬起头来，往前看，看见了什么？"这位学生轻轻地回答说："我没有看见什么？""你再仔细看，看见了什么？"学生还是摇摇头，老师就指着黑板问："这是什么？""哦，这是黑板，""对，你的前途就像黑板一样黑！"老师回答说。老师从他的出发点来说，他是为了关心学生的学习，可是，一句话，不仅伤害了那位学生，而且，伤害了全班学生的自尊心。

案例二：这是一位家长的心声：我孩子读初三，每次班主任要求学生捐款一定要

10元以上，少于10元不收了。我们家里两个大人都是下岗工人，还要供养小孩读书、生活，负担很沉重，这样我们实在承受不了。我问过孩子为什么要有这样的规定？他说："老师怕别的班级捐款数额超过我们班。"

案例三：彬彬上学时一直是"三好学生"，学习成绩优异，初二时班主任老师的儿子转来与他一班，班主任老师出于私情让彬彬把本该属于自己的市"三好学生"让给她的儿子，并答应以后再把市"三好学生"的名额给他，并保证他进重点高中，但后来此承诺未兑现，彬彬幼小的心灵被刺伤，出于对老师的报复，他故意不写作文，结果未能上重点，普通高中的老师知道情况后不但不予关注，还加以讥讽、严惩。结果彬彬不再好好学习，从好学生变成了到处游荡的坏学生，到处惹是生非。

上述三个案例中的班主任都不具有高尚的情感，甚至是情感缺失。班主任的高尚情感对于学生至关重要。因此，作为中学班主任应该培养自己的高尚情感，带给学生温暖。

[高尚情感的构成]

· 高尚的道德感

道德感是指人的行为、举止、思想、意图是否合乎道德行为标准和社会价值而产生的情感体验。如果一个人的言行和反应符合道德标准，就会产生幸福感、自豪感与自慰感；反之，就会有不妥、自责、内疚等情感体验产生。班主任的道德感对培养学生相应的情感起着极其重要的作用，班主任所具有的情感中，崇高的道德感占有重要地位，包括班主任对教育学生的义务感和责任感。班主任的道德感主要表现在：对祖国、人民的热爱与忠诚，对集体事业、对社会的义务感和责任感等；对他人行为及处理人际关系的道德感，如对真挚友情的赞赏，对那些以别人的痛苦为乐的人的鄙视，对自私、残暴等行为的义愤，对个人主义、嫉妒别人的愤恨等，对同事、领导、学生、朋友、邻居和家人的关心、谅解、爱护、相互支持中表现出来的情感等。具体包括强烈的事业感、责任感、公正感和幸福感。

· **深厚的爱生感**

爱生感是指班主任热爱学生、关心学生和期望学生成才的一种崇高的情感。高尔基曾经说过:“只有热爱孩子的人,他才可以教育孩子。”班主任对学生的热爱和期望是无形的教育手段和教育力量,也是班主任感情生活的主要支柱,是工作动力的源泉之一。热爱教育事业必然热爱学生,只有热爱学生才能积极主动地去教育学生。反过来,班主任看到了自己努力教育学生的成果——学生才华的发展,高尚品德的形成,鲜明性格的成长,纯真感情的流露等等这些爱的效应,也使班主任内心产生了快慰和激励,更加增进了班主任对学生的热爱。师生情感的双向交流和反馈,相互的感染强化,形成了巨大的内动力,从而推动师生向共同的目标奋进。班主任教师除应具有深厚的爱感外,在情感世界中还应该以乐观向上的情绪,昂扬振奋的精神去影响、感染、激励学生努力奋进:以轻松的心境,愉快的生活节奏去塑造学生美好的心灵。

· **理智进取感**

理智感是指人在认知过程中产生的情感体验,它和人的认知活动、求知欲、认识兴趣的满足、对真理的探求相联系。强烈的理智感会使得班主任在教育教学工作中做出显著的成绩,这是因为理智感能驱动人去追求真理、热爱真理,抛弃偏见和迷信,愿意为真理而献身。进取感是指班主任对工作永不满足,努力向上、立志有所作为,有所追求的一种情感。教师是人类文明的传播者,是塑造灵魂的工程师。班主任教师则肩负着更加具体而艰巨的任务。这独特的艰辛劳动,形成他们求知好学、追求真理、自尊自强、积极热情、努力进取等优良心理品质,成为思想政治和文化业务提高的内在积极因素。

· **审美感**

审美感是指人根据一定的审美标准对客观事物、人的道德行为予以评价时产生的具有愉快和倾向性的体验。班主任在教育教学中表现出的审美情感，对学生美感的形成有潜移默化的作用。因此，合格的班主任应有强烈的美感，班主任强烈的美感主要表现为：在教育教学工作中以及日常生活中，有对美的心灵、美的行为、美的语言、美的环境、美的仪容的向往和追求的情感；对自然美、社会美、科学美和艺术美有浓厚的兴趣；对引导学生鉴赏美、创造美持积极的态度；既有对自己人格美的执着追求，又有对他人人格美的赞赏、钦佩的情感。

道德感、爱生感、理智感、进取感、审美感等情操是在人的精神需要的基础上产生的高级的情感体验，而教育的目的就是要塑造人、培养人，其根本任务要关注人的精神层面，教书育人是教师义不容辞的职责，所以班主任的高尚情感是推动其终身从事教育事业的内在动力。

身边的故事 ／

某中学一位班主任，教学多年，经验也颇为丰富，讲课深受学生的欢迎，师生关系相处不错。但是，一件偶发事件，使学生对他的态度转变了180度。原因是某年的12月26日清晨，他按时走进教室，笑容可掬地正准备讲课。猛一抬头，看见学生把一尊毛主席的小型塑像放在讲台上，塑像底下还压着一面国旗，国旗面对学生飘着。他一看即刻火冒三丈，怒火中烧，把课本往讲台上一甩，指着塑像，莫名其妙地对学生大声吼道："是谁干的？赶快说出来到底是谁干的？是谁？是谁……"一连串的盘问全班同学都吓愣了，不明白老师为什么这样大怒，没有一个敢说话，课堂上僵持了几分钟，死一般的沉寂。这位班主任气仍未消，声色俱厉喊着："每个人都在这张纸上写下一句话：'是谁干的？'否则就休想上我的课，以旷课缺考论处。"一堂课就这样莫名其妙地流失了。从此以后，这位班主任的课堂气氛急转直下，学生学习的积极性也一落千丈。

想一想 ／

一件小事就引发了这位班主任的情绪难以控制，对此，这位班主任需要在情绪上考虑些什么呢？

分析 ／

由以上的这个案例，我们不得不对这位班主任的所作所为有所思考，虽然这位老师的教学业务能力值得学生的认可和敬重，可是由于一件小事就引发了她的情绪难以控制。对此，这位班主任需要在情绪上考虑以下三个问题：一是师生在教育关系上是指导与被指导的关系，可在人格上是彼此独立的主体。班主任不能因“师道尊严”而不顾学生的尊严，不能因自己的喜恶而强加于学生。这就是师生人格独立、平等的关系。即使是自己的尊严受到学生的嘲弄，自己也不应该感情用事。情感是人们行为的催化剂或驱动器，在感情上，确实会“小不忍则乱大谋”。不仅乱了自己，也乱了学生心理，这对自己或学生的心理健康成长都是极为不利的。二是对很小的刺激做出强烈的情绪反应，表现出激动和愤怒直至出现毁物损人、出言不逊的行为，这已不是一种健康的心理表现，而是一种情绪障碍。班主任不能忽视这种情绪障碍，因为它会影响教学工作，影响人际关系，甚至影响一个人整体素质的提高。因此，班主任要学会调控自己情绪的发展与变化，逐步宣泄、排除和克服情绪障碍。三是情绪障碍或情绪失控与自我监控心理能力薄弱是紧密相联的。自我监控是一种自我思想、情感、行为能进行积极、自觉的察觉、评价与调控的心理能力。它处于将智力因素与非智力因素有机结合起来的核心地位。它是个体由幼稚走向成熟、由依赖走向独立的重要标志，是个体完成各种任务、协调人际关系，成功地适应社会的必要条件，还是个人自我发展和自我实现的基本前提。良好的情绪调控能力是非常重要的心理素质，发展班主任的自我监控素质无疑是提高班主任素质的最重要和最核心的任务。

[高尚情感的培养]

班主任高尚情感特征的形成和表达情感的技能技巧的培养都不是一朝一夕能够完成的，从班主任情感的养成方式而言，要注重以下几个方面：

- **认同道德情感**

道德情感是根植于人的灵魂的。尽管可以通过道德行为的变化等方式体现出来，但是，在本质上，道德情感的养成意味着人的心灵的改善；而心灵的改善难以单纯地借助外在的力量来实现，它首先需要道德主体的自觉自愿的努力。正是在这个意义上，我们说，对道德情感心理上的认同这一观念性问题是先于道德情感养成途径这一操作性问题的，它是决定道德情感能否成功养成的一个前提。

- **热爱自己的专业**

在教育教学过程中班主任高尚情感的产生，是班主任对所讲知识态度的一种自然流露。在教学实践中，班主任对所讲授知识的态度主要有以下几种：一是热爱自己的专业，对所讲知识具有浓厚的兴趣；二是对自己所讲授的知识没有热情和兴趣，只是人云亦云，随随便便。三是态度冷漠，上起课来总是索然无味，在课堂上表现得很不耐烦，只是应付了事，三种不同的教学情感体验将产生不同的教育教学效果。言为心声，“情动于衷面形于色”，没有爱，也没有情感的教育教学将会产生怎样的效果是可想而知的。因此，班主任应该深入挖掘教材自身所蕴含的各种情感因素，并将其转化为自身的一种情感体验。有许多教材本身就蕴含着丰富的情感，深刻的哲理，班主任要在备课过程中加以深刻的理解和体会，并将其转化为自身的一种情绪情感体验。

- **投身情感体验**

班主任在道德教育中需要对学生加以引导，如果班主任本人在自我道德情感养成时没有注意到这一点，极有可能在道德教育中把指导异化为监视、诱引，甚至是强加。这样，即使班主任让学生在虚拟或真实的道德情境中进行道德体验，发展道德情感，但是，迫于一种或隐或显的压力，学生也很难真正地实现自我自由、真实的道德体验，在压力之下培养起来的道德情感要么是不完整的，要么是矫饰的。因此，促使班主任产生积极的情感体验是至关重要的。

> *不断地提高自身的思想道德修养的水平*

班主任在教育教学过程中积极的情绪情感体验的产生，是班主任对生活、对工作、对学生等等的热爱之情的自然流露，因此，作为一名班主任必须能自觉主动地学习马列主义、毛泽东思想和邓小平同志的理论观点；热爱社会主义、热爱教育事业，形成较高的思想道德修养，为人要诚实、作风要正派；能够自觉地遵守国家的法律法规、社会公德和学校的各种规章制度；自觉地崇尚科学，反对迷信，必须首先做一名合格的社会公民，因为教师是“人之模范”。

> *培养坚定的职业信念*

班主任坚定的职业信念是班主任在教育教学过程中产生积极的情绪情感体验的主观源泉。在社会主义新的历史时期班主任职业信念的树立，根本上取决于以下几个因素：通过努力学习，逐步建立科学的世界观和奋发向上的人生观，正确认识和处理个人、集体、国家之间的关系，具有为实现社会主义现代化而奋斗的崇高思想境界；通过全身心的投入，不断地提高其对教育事业的兴趣和热爱之情；通过努力克服各种困难，承受住挫折的磨炼，不断地增强自身的承受能力；通过积极主动地投入到教育教学的实践中去，从自己坚持不懈的奋斗中获得精神上或物质上的满足，从而增强工作的信心，提高自身的工作效率。

随着教育改革的深入，也随着教师素质的提高，会有这么一天，学生们选择班主任就像选择学校一样。为了下一代，为了祖国的未来，我们每一位教师，每一位班主任都应行动起来，学习不止，探索不断，努力提高自身综合素质，尽心尽力为学生创造一个朝气蓬

勃、和谐互助的班级环境，也只有这样才能真正地抓实素质教育，为明天培育出具有实践能力和创新精神的新一代！

拥有良好人格，达到至善至美

班主任是与学生接触最多、对学生影响最大，跟学生保持密切交往的教师。因此，班主任的人格修养和他的为人师表作用对班集体的建设具有决定性的作用。班主任是“创造未来人”的特殊的“雕塑家”，一个有高尚人格和处处以身作则的班主任，在学生心目中定会有崇高的威信。他的一言一行自然会成为学生的楷模，班主任严谨的作风、认真的态度、严格的要求、严于律己的精神，不仅给全班同学树立了榜样，而且为班级干部作出表率，在班主任的影响和指导下，班集体的核心和威信自然会形成，全班同学就会产生一种向心力和凝聚力。一个班级要有正确的舆论氛围，首先学生要有正确的是非观，这就需要班主任的正确引导和培养。班主任在学生面前应当既严肃又开朗，既庄重又亲切，既热情又理智，爱憎分明，是非明确，疾恶如仇，“庄严自持、内外若一”。这样在班集体中就会懂得什么是正确的舆论，学生会逐步形成哪些应该做，哪些是不应该做的是非观。因此，作为班主任，应该在教育实践中塑造完美、高尚的人格，用自己的人格风范去感染学生，细心地在学生心灵里播下真善美的种子。

[班主任良好人格的组成]

班主任良好的人格素养，在教书育人中会展现一种独特的魅力，取得事半功倍的效果。“相容效应”告诉我们，教育对象只有先接受你这个人，才能接受你的观点。心理相容是取得良好效果的前提。那么，学生一般接受具有哪些良好人格特征的班主任呢？

· **政治品质**

在人格因素中，政治品质居于第一位，它无时无刻不表现在自己的一切言论的行动中。有人说："教师个人的范例，对于青年人的心灵，是任何东西都不可能代替的最有用的阳光。" 班主任要在政治思想、个人品德、价值观念、行为习惯等方面，为学生树立榜样，要求学生做到的，自己首先要做到，要知行统一。例如，班主任讲树立远大的人生理想，自己却不求上进，做一天和尚撞一天钟；讲诚实守信，自己却极其虚伪；讲遵纪守法，自己却常常上课迟到早退；讲大公无私，自己却为了一点"回扣"强行向学生推销并无多大价值的复习资料等，这样学生就会怀疑教育和教学的真理性，怀疑教师的人格和修养。可见，班主任只有以身作则，为人师表，学生才会有法可效。因此，一位合格的班主任必须讲"政治"，必善于把马克思主义、毛泽东思想、邓小平理论以及党的路线、方针政策与自己的理解、认知、体验融合在一起；必须为人正直、正派，树立崇高的世界观、人生观和价值观，用自己的浩然正气影响学生，面对喧嚣的拜金主义、享乐主义的诱惑，守住一片宁静，不被世俗尘埃所染，不为金钱物欲所动，一身正气，两袖清风。

· **个性品质**

个性品质包括一个人的精神面貌，一个人的意志品质，一个人的情感因素、性格特点、气质类型等。个性品质里边的最重要的应该是性格特点，性格特点里边更为重要的应该是意志品质，就是自控能力。这些因素构成了一个人的个性品质，当然还有其他因素。

> *民主*

学生喜欢讲民主的班主任。学生是班级的主人，班主任应把自己作为班级的一员，积极引导学生进行自我管理，树立民主的作风，尊重学生，与学生打成一片，与学生建立平等的人际关系，如同朋友一样。

> *公正*

学生最喜欢公正的老师，一视同仁的班主任。由于班主任的性别角色，喜欢男生或

女生，还有老师对好学生普遍的好感，因而在管理工作中常有一定的思维定式：一是认识问题主观武断，二是对待学生情感偏激，三是处理问题行为失控。这样的班主任是不受学生欢迎的。只有做到公正，一视同仁地尊重每一个学生，才能得到学生的认可。

> *严己*

严己即严以律己。教师的人格特征，对学生具有吸引作用，尤其班主任老师能以身作则，以身立教，更能唤起学生情感上的“共鸣”。无论遇到怎样的情况，都能控制自己，请学生监督，做学生控制情绪的表率，严以律己，身体力行。

> *幽默感*

最受学生欢迎的班主任是具有幽默感的班主任。幽默感能减少师生间的隔阂，拉近师生间的距离，成为搞好师生关系的催化剂。真正的幽默是指一种具有生活情趣而又意味深长的素养。班主任的幽默可以不动声色，沉着冷静，处理班级事务时，善于运用诙谐精辟的语言，给学生以无言的震撼和感染；班主任还可以在课堂上展现自己幽默的才华和天分，通过歇后语、典故、流行歌曲的歌词、个别方言等，调节课堂气氛，增强自己的亲和力，给学生以亲近感。幽默中伴随点自嘲，不仅不会有损班主任的形象，反而会使老师赢得一个虚怀若谷的美名，从而使班级管理得心应手。

· **知识才能**

知识因素是一种科学性因素。知识本身就有一种力量，它是科学赋予的力量，是影响力的能源。作为一个班主任能精通教育教学业务知识，通晓班级管理和其他相关理论，使学生产生信赖感。捷克教育学家夸美纽斯认为：教师应孜孜不倦地提高自己，随时补充自己的储备量。兼有双重身份的班主任更须不断学习，提升自身素质。班级的管理不仅是一门科学，也是一门艺术，班主任在实施工作时必须懂得一定的教育规律，认真学习研究新课程标准、教育学、心理学、班级管理学等一系列的理论知识，增强专业素养，再尝试着与教育实践工作相结合，循序渐进，教学相长。

所以，班主任必须善于接受和消化新观念、新知识，认真钻研业务，不断提高自身素质；必须积极探索新的教学方法和教学艺术，活跃课堂气氛，激发学生学习兴趣；必须勤奋好学，孜孜不倦，使自己的"一桶水"常满常新，努力做到学识渊博，业务精良，既有精深的专业知识，又具有广博的相关知识，还具有坚实的理论功底和较强的业务能力。这样，在融洽的师生情感中，学生自然会把班主任的批评看作是对自己的爱护，把班主任的表扬看作是对自己的鼓励。从而引起情感的共鸣，自觉把道德要求和行为规范转化为自己的心理定式和良好的习惯，使学生产生敬重感，自觉自愿地接受教育和指导，收到"亲其师，信其道"的效果。

才能因素是一种实践性因素。他是班主任成功完成领导工作所必需的内部条件，是影响力的关键因素。班主任的才能包括智于决策、巧于组织、长于合作、善于情理、勇于负责、敢于求新等方面。

· 情感因素

情感因素是一种精神因素。"感人者，莫过于情"。感情是人格力量的基础。班主任与学生之间的关系，实际上也是一种人与人之间的感情关系。如果班主任与学生之间感情深厚、关系密切，班主任对学生关怀体贴，其影响力就会提高。热爱学生，尊重学生，信任学生，严格要求学生是班主任道德威信形成的根本保证，班主任只有以良好的感情、崇高的道德去关爱学生，才会激发学生积极向上的力量，受到学生的尊敬与爱戴。如果在班级管理中忽略了这种情感的关爱，就等于班主任工作的失职。只有发自内心的真情实感去打动学生，感染学生，学生才会在情感上与教师产生共鸣，才会"亲其师，信其道"。

· 敬业精神

班主任必须对教育事业充满热爱之情，具有乐于为人民的教育事业而献身的精神；必须对教育事业充满高度的责任感，兢兢业业，不图名利。班主任增强育人的事

业心和荣誉感，才会处理好苦与乐，贡献与报酬的关系，从而甘心为教育事业献身，受到学生的尊重，成为学生学习的榜样。

· 人文素养

一个人的人文素养不高的话，他的人格修养、人格表现也不会很好，特别是现代文明社会，没有较高的人文素养是不会有优良人格的。人文素养包括几方面的内容。主要有文化修养、审美素质和生活品位。文化修养指的是自然科学和社会科学修养的水平，相当于我们从小学读书一直到大学，所学的所有的人文科学、自然科学的知识，是否已经内化成自己的一种文化修养。审美素质指的是会不会审美，审美的能力。作为班主任，还应追求自己的生活品位。一个没有激情和生活情趣的老师是难以与学生沟通的。所以，班主任应该让学生更加了解自己，了解自己的生活，教师与学生一道参加适当的体育锻炼，为学生摇旗呐喊，在班级文艺晚会上来点卡拉OK演唱，共同欣赏MP3，既陶冶自己的生活情趣，又缩短了师生距离。在无拘无束的活动中，学生也会不自觉地暴露自己，便于老师及时观察其动向，把握学生脉搏，给学生以潜移默化的影响，起到平时反复说教所不能起到的作用，所以班主任不妨请学生到自己家里做客，玩一玩。

· 创新思维

现代社会需要的是大量的创新型人才，班级管理也应该不断创新，时常给学生一个惊喜，避免一些司空见惯的老一套，运用教育新理念，开辟教育教学的新天地。班主任有创新意识，尽显青春活力，使学生感到生活每天都是新的，给学生一个发挥想象力的自由空间，成为有所作为的人，这样的班集体才会产生较强的凝聚力，班主任工作起来才能游刃有余，得心应手。

· 愉快的心境

心境，有积极和消极之分，积极的心境将使人朝气蓬勃，处于欣喜状态，头脑清醒，求知欲旺盛，从而大大提高工作和学习效率；而消极的心境则使人萎靡不振，常处于一种被动的郁郁寡欢状态，因而会对工作和学习带来不利的影响。职业和环境对班主任的心境提出了很高的要求。班主任的工作对象是活生生的、正在成长中的、有个性的学生，班主任不仅要把自己掌握的知识传授给学生，而且要用自己全部的心血去浇灌年轻一代的心田。轻松愉快的心境在班主任工作和生活中有着积极的作用。主要表现在：管理过程中可以使学生产生愉悦的情感体验，激发学生进入亢奋状态，与班主任密切配合，提高其积极的参与意识。

身边的故事 /

亮亮今年上初一，有一天亮亮回家和妈妈说了一件事："我是我们班的二号种子，第二聪明。"妈妈就问他："谁是你们班的一号种子啊？"他说："刘晓梅是我们班的一号种子，第一聪明。"妈妈又问："谁告诉你的呀？"他说："是我们班主任老师说的。"过了一段时间，这个孩子回家来，又跟妈妈说："妈妈，我告诉你，我们班有9个笨蛋。""你怎么知道你们班有9个笨蛋？"他说："有一天考数学，考完了以后，班主任老师就说了，这么容易的题，你们都不会做，80分以下的，都是笨蛋，现在请笨蛋站起来。我一数，正好9个。"

想一想 /

这样一个案例，跟班主任老师的人格修养有没有关系？

分析 /

当然有关系。这位班主任不能一视同仁地尊重每一个学生，正是他人格欠缺的表现。人格是人的素质的核心，一个人他的素质高不高，主要看他的人格。一个人数学特别好，但是人格不良，你能说这个人的素质高吗？不会的。我们的教育口号很明显，叫做以人为本的教育，以学生发展为本的教育，核心就是优良人格的教育，这也正是我们班主任工作的核心任务。班主任的人格对孩子会有很大的影响，所以作为班主任，应该提高自身的

人格修养。

[拥有良好人格的方法]

班主任要提升自己的人格修养，首先有一个前提，就是作为班主任，必须有提升人格修养的意识和自觉性，就是要想到，我作为班主任，要不断地提升人格修养，要有一种自觉的意识。

· **开阔视野，关注社会发展，多方面提高修养**

做班主任不要局限在光是看班级，看学校，看家里头，要开阔视野。我们这个社会确实纷纭复杂，变化很快。但是，整个社会在前进，特别是我们国家，现在前进的速度很快，当我们关注社会发展的方方面面的时候，我们的心胸就不一样了，我们要从不同的角度让自己的水平提高。

· **培养对事业的忠诚**

班主任的人格魅力来源于对事业的忠诚，他们不是仅仅把教书育人看成谋生的手段，而是毫无私心杂念地投身其中，以教书育人为崇高的职责，并能从中享受到人生的乐趣。他们以自己的真诚去换取学生的真诚，以自己的正直去构筑学生的正直，以自己的纯洁去塑造学生的纯洁，以自己人性的美好去描绘学生人性的美好，以自己高尚的品德去培养学生高尚的品德。

· **有效阅读，广泛积累**

对于班主任来讲，要不断地学习。人格修养里面特别讲到了人文素养，不能说我上完大学了，就不用学习了，肯定要学习。班主任的人格魅力来源于渊博的学识和教书育人的能力，具备这样条件的班主任不但在教育教学上游刃有余，而且善于处理、协调跟学生以及同事之间的关系，创造融洽和谐的工作氛围，以利于获得事业的成功。因此，作为班主任，应该不断地学习，广泛地阅读，积极有效地积累自己。

· **提高人际交往水平**

提升人格修养，跟人际交往非常有关系。要宽容地对待家人、学生、同事、亲友，对周围的人应该关爱、理解、支持、付出。提高交往水平，对于我们提升自己的人格修养是非常重要的。

· **拥有善良和慈爱**

班主任的人格魅力来源于善良和慈爱，他们会在平等的基础上善待每一个学生，不会因为学习成绩的好坏与家庭背景的不同高看或歧视某些学生。在他们心里，教好每一个学生是他们的天职。他们胸怀博大，容得下性格脾气各不相同兴趣爱好互有差异的学生。他们不仅是学生的良师，也是慈爱的长者，更是学生的知心朋友；他们不仅关注学生的学业成绩，也关心学生的思想品德与行为习惯，更把学生的喜怒哀乐、寒暑冷暖放在心间。

· **拥有学生的信任和宽容**

班主任的人格魅力也来源于学生的信任和宽容，在教育工作中他们不是一味灌输，包办代替，而是把培养内在修养素质的主动权交给学生，让学生在探索之中享受成功。他们是指导者和引路人，从不把学生看做容器或机器，他们相信学生的能力并想方设法锻炼提高学生的能力。他们很少对学生说你必须这么做，他们更喜欢对学生说：想一想，你应该怎么做。在人品上他们更是给学生以充分的信任，哪怕是学生有过失的时候，同样相信学生改正过失重新开始的能力。他们不光看到学生的现在，更关注学生的将来，从而利用现在为学生将来的发展打基础。他们既是学生现在的引路人，也是学生未来发展的设计师。

· **积极进行审美活动，提高生活品位**

生活当中，大家都是追求美的，那么有很多的审美的活动，比如外出去参观，到

大自然美景当中去，在人际交往当中，甚至于包括自己的服饰，穿什么，怎么穿；家庭布置，什么样的摆设，什么的装饰；各种文体活动，都有审美，这样，你的生活品位就在不断提升。

· **拥有执着精神**

班主任的人格魅力来源于从不满足的执着精神，他们始终用胜不骄败不馁的形象去感召学生追求卓越。在挫折和困难面前，他们是当之无愧的强者。他们不会陶醉于成功之中而不思进取，更不会沉溺于暂时失败的痛苦中不能自拔。他们会反思，并从反思中获得宝贵的经验教训，确立新的奋斗方向和目标，用勤奋和智慧浇灌出更丰硕的成果。实践告诉我们，要想做一名成功的班主任，必须首先做一个具有美好人格魅力的人。

人有一分修养，便有一份气质；人经得起考验，便能担当大事；人有一分气量，便有一份人缘；人经得起逆境，便能学到本领。

扩展阅读 / 一位拥有良好人格的班主任 /

有这样一位老师，她教初中，当一个班的班主任，教两个班的英语。她曾经多次被评为优秀的班主任。

· **穿着打扮**

这位老师的服饰，穿着打扮，既不过于时髦，也不流俗，特别职业化，一看就是一个教师的样子，学生感到亲切。

· **讲课**

她讲课的语言非常生动，能够吸引学生，她的板书从第一个字写到最后一个字都整齐、醒目，如果没有特殊情况，她不擦掉，重点的地方，她可能用特殊颜色的粉笔写出来。

· **批评学生**

她在批评学生的时候，能够控制自已，不说那种很过分的语言，让学生感到她的批评，容易接受。学生都很喜欢她，愿意上她的课。

· **对待后进生**

这位老师特别受一些后进生的欢迎。后进生为什么欢迎她？一般情况，后进生和老师的关系不好，因为老师经常批评他，语言难免过分。这位老师不一样，每次上课她都提前三分钟到教室，到教室门前以后，很多学生围着她，这时候她拿着教材，跟学生们说什么。有一个小男生过来了，她就指着其中的一两个词，跟这个小男生说，“这个你会吗？”小男生很快就跑回教室里，跑回教室干吗去了呢？他赶紧复习这一两个单词去了。实际上，老师在课前这一两分钟的时间，给有问题的学生、学习不太好的学生一个暗示：一会儿我可能问你这个问题，于是学生回去做准备了。上课过程当中，老师提各种问题，其中涉及到刚才暗示的词，老师就提问那个学生，学生当然回答很好了，老师给予肯定，这个学生很有成功感，有一种愉快的心理体验了。

· **对待调皮的学生**

课堂上，调皮的学生要“动”起来，特别是小男生，说话呀，甚至逗一逗，不专心。一般的老师，可能指着学生说，“你怎么又捣乱了？”“你怎么又说话，上节课是你，这一节课还是你”等等。还有的老师，练“砍粉笔头”的技术，发现有孩子不好好听课了，拿粉笔打过去。到现在，个别教师还砍粉笔头，这是不尊重学生。这个老师怎么处理呢？她一边讲着课，念着书，悄悄地走过去了，她在这孩子的耳边，轻轻地说了一句话，不是批评，却是批评。她非常小声地说：“咱们上节课表现多好啊！”这个孩子马上就专心听讲了。她这是“寓贬于褒”，孩子愿意接受。

假如这个老师她的修养不够，她的自控能力不够，她的思想观念、教育观念跟不上，她的人文素养不够，她就不能在教学过程当中，有这样的表现。她多次被评为优

秀班主任，这都与她的人格修养有着密切的关系。这样一位老师，她的举手投足，都让孩子喜欢，这位老师，站在学生面前的时候，就是教给学生一个立体的美的名片。

锻炼坚强意志，解决各类困难

学生喜欢班主任的果断、坚定、沉稳和耐心，也就是说，他们希望班主任有良好的意志。那么什么是意志呢？意志就是人们自觉地确定目标，通过克服困难，实现预定的目的的心理过程。班主任的意志就是动员自己的全部力量，明确教育目的，达到这一目的的坚定意向。培养、教育人的工作是艰巨的任务，而在培养和教育学生成为有理想、有道德、有文化、守纪律的一代新人的道路上，更会有许多许多的困难。要顺利地达到目的就要求班主任必须具有良好的，克服困难的，坚强的意志品质。如果没有，就不能很好地完成教育任务。

[班主任应具有坚强的意志品质]

意志是事业心的体现，对于事业成功非常重要。教育意志是指教师完成教育任务的明确的目的性和力求达到这一目的而积极地克服各种困难的心理特征。意志品质是构成意志力的稳定因素，班主任的意志品质要求具有自觉性、果断性、坚韧性和自制力的特点。这是在教育过程中直接影响学生的内在力量。学生的成长，班主任自身素质的提高都需要有稳定的意志力。班主任要更好地发挥其职能作用，应有如下意志品质。

- **自觉性**

意志品质的自觉性是指个体自觉地确定行动目的，并独立自主地采取决定和执行决定。对于班主任来说，自觉性是班主任对教育目的有深刻的理解和坚定的信念，在任何情况下，都能主动支配自己的行动，使之符合教育目的。班主任的自觉性主要表现为，无论做什么事都有明确的教育目标，并始终如一地坚持正确的目的，不受各种内部及外部因素的干扰，克服各种困难，为实现教育目标，为培养国家需要的高素质人才而努力工作；对每一个学生都表现出极大的耐心，循循善诱，诲人不倦，百教不厌；善于听取各种教学、科研、管理中的意见与看法；能在众说纷纭中汲取符合教育客观规律的东西，既不独断专行，也不人云亦云。

· 果断性

意志的果断性是指面对复杂多变的情境，能迅速地辨明是非，及时地坚决地采取决定，并实现做出的决定。班主任意志的果断性是指班主任在进行教育决策时，善于明辨是非，当机立断，及时合理地做出决定并坚决执行。班主任果断性的意志品质主要表现为，在决策和处理问题时，善于选择恰当的时机，不失时机地做出判断，采取果断有力的措施；在紧急情况下，能迅速做出应付客观情况的合理决定；当发现情况有了变化或自己决策有错误时，能立即停止行动或改变已做出的决定，及时纠正错误。学生是生动活泼的，正处于成长过程中，具有复杂性、多变性，每时每刻都在发生变化。教育情境是错综复杂，瞬息万变的，班主任随时都可能遇到意想不到的问题。班主任必须对新情况及偶发事件，进行迅速果断的处理，使教学活动顺利进行，并收到预期的效果。班主任应有意识地锻炼和提高自己决策的果断性，克服优柔寡断的不良意志品质。如果班主任优柔寡断，徘徊不前，久拖不决，束手无策，就必然坐失良机，导致教育工作的挫折和失败，甚至给学生造成难以挽回的损失。

· 坚韧性

意志的坚韧性是指在执行决定阶段能矢志不渝，坚持到底，遇到困难和挫折时能顽强乐观地面对和克服。班主任意志坚韧性是指班主任对教育目的、教育目标有明确、深刻的认识，在教学、科研、管理工作中能按照教育目标的要求去做，并持之以恒，善始善终坚持原则性，无论遇到多大的困难，也百折不挠。“十年树木，百年树

人。"教育的周期较长，远期教育效果不易一时显现，需要长期努力，坚持不懈。尤其对品德不良学生的转变，往往是迂回曲折、螺旋式上升的。一般要经历醒悟、转变、反复，再转变，巩固、稳定的过程。学生在进步中出现反复，班主任绝不能气馁或放弃教育，应该通过调查分析，找出原因，再"对症下药"一抓到底。班主任的坚韧性对学生成长关系极大。学生道德品质的形成、科学世界观的树立，往往都是班主任坚持不懈，经常不断地、耐心反复地做细致的转化工作的结果。班主任意志的坚韧性也会影响学生的意志，因为学生正处于思想品质形成阶段，他们有自我培养意志的要求，所以他们会以班主任为榜样，形成一定的意志品质。班主任的良好品质会潜移默化地影响学生。因此，班主任一定要以身作则，遇事沉稳果断和冷静。

· 自制力

意志的自制力是指能够完全自觉、灵活地控制自己的情绪，掌握自己的心境，约束自己的言行，能够忍耐克己的意志品质。班主任的自制力主要表现在两个方面：一是善于促使自己去执行已经采取的决定，战胜与执行决定有困难、有妨碍的一切因素；二是善于在实际行动中抑制消极情绪和冲动行为，自觉地控制、调节自己的行为。学生在成长的过程中，会出现这样或那样的问题，甚至无礼、不听规劝，损伤班主任的自尊，与班主任发生矛盾、冲突。班主任要从培养目的出发，充分认识班主任的地位与作用，充分考虑教育效果，发挥意志的自我控制机能，恰如其分地控制和调节自己的情感、言论与行为，避免感情用事。面对学生的各种问题不应暴跳如雷，火冒三丈，要有理智，采取耐心说服的方法，特别要注意控制消极的激情和由此引起的冲动行为。班主任要给学生以良好的心理影响，从而在学生心目中赢得威信。班主任的自制力是顺利进行教育工作的必要心理品质，如果缺乏自制力就很难对学生进行正面教育，很难动之以情，晓之以理。因此班主任必须加强培养自制力，在日常工作生活中自觉地对自己的行为进行自我评价，有意识地经常地坚持进行自我磨炼。

此外，班主任本人的生活和工作过程中也并非一帆风顺，如有时身体不舒服，或者工作不顺心，家庭生活出现变故，甚至遭受挫折。在这些情况下，班主任老师不要因自己的不快和痛苦而迁怒于学生，乱批评、指责学生。班主任来到学校，走上讲台，就要全身心地投入到教育教学过程中去，要自制。

身边的故事 ／

有一天晚自习，班主任李老师走进教室，发现一名男生的课桌旁的地面上用粉笔写了一句骂他的话。当时他觉得大脑发胀气得心都在颤抖。就在要发火时，他立刻冷静下来。连连告诫自己：要忍让，要宽容，因为他们是学生。所以李老师把这个学生叫了出来，心平气和地问他是谁写的，学生承认是自己写的。李老师问为什么，学生说他下午请假回家李老师没给假，所以怨恨老师，结果一时冲动。李老师耐心地向他解释："没给假的原因是让你抓紧时间学习别老想家，你骂老师有什么用呢？这件事我不追究，希望你能静下心来，好好学习。"说完李老师让他回教室。第二天早晨，这个学生给李老师写了检讨，里面有这些话："……我骂了老师，我真无知，当时我很害怕，以为你一定会斥责我，可是出乎意料，竟原谅了我，我真蠢，我无知，对不起老师，我要在全班做检查……"后来他的确这样做了。事后，许多学生非常佩服李老师的做法，他们也觉得李老师更值得尊敬。

想一想 ／

这样一个案例，跟班主任老师的意志品质有没有关系？

分析 ／

班主任老师的良好的沉着、自制、耐心和一贯坚持性也是影响班主任工作成败的意志品质。在班主任的工作中，会遇到很多让你恼怒的学生和气愤的事。但是作为教师，你必须具有自制力，沉着和冷静，能控制自己。否则学生虽然被你的权威压住，但他们的心里会不服的，而且会出现逆反心理。相反，老师的宽容会引起学生的内疚感，使他们改正

错误，心灵上受到震动。如果老师挖苦他或侮辱他，结果就会使学生产生对立感，增加教育的难度，师生形成对立，而教师的宽容，“晓之以理，亲如父母”，事情就顺利地解决了。这件事启发了我们：作为一名班主任，在要冲动时，一定要使理智控制住感情，决不可让情感代替理智而支配冲动。

班主任的教育力量和权威性，不在于他的外貌如何威严，而在于班主任对学生的内在教育力量。班主任的感情冲动、态度粗暴，会造成学生的逆反心理，从而降低自己的威信，产生与教育目的相反的消极效果。喋喋不休的说教未必能使学生接受，而通过说理、启迪、疏导等以平静的态度表现自己的果断和坚定的意志品质，才能产生较大的感染力量，达到较好的教育效果。所以，班主任要以宁静、平和、耐心、循循善诱的态度去说服、教育学生，这就是班主任意志品质的外化。

[班主任锻炼坚强意志的方法]

意志不是生来就有的，唯有锻炼才能造就。班主任可从如下几个方面有意识地培养和锻炼自己坚强的意志。

· 树立正确的人生观

正确的人生观能激发人强大的意志力量，去面对人生中的各种困难，自觉、坚定地去实现人生的奋斗目标。虽然有些利己主义者也能发挥出较强的意志力，但终究不能达到完美的高度。只有树立有益于社会、能落实到具体行动上的有益、有效的人生观，才能维持坚强而恒久的意志力。

· 积极主动明确目标

> 积极主动

不要把意志力与自我否定相混淆，当它应用于积极向上的目标时，将会变成一种巨大的力量。美国东海岸的一位商人知道自己喝酒太多，然而他从事的是一种很烦人的工作，而在进餐前喝几杯葡萄酒似乎能让人紧张的心情得到放松。可酒和累人的活又使得他昏昏欲睡，因此常常一喝完酒便呼呼大睡。有一天，这位经理意识到自己是在借酒消愁，浪费时光。于是他决定不再贪杯，而是把更多的时间用于儿女身上。刚开始时很不容易，常常想起那香气四溢的葡萄酒，但他告诫自己现在所做的事将有所得而不是有所失。后来的事实证明，他越是关心家庭和子女，工作起来的干劲也就越大。主动的意志力能让你克服惰性，把注意力集中于未来。在遇到阻力时，想象自己在克服它之后的快乐；积极投身于实现自己目标的具体实践中，你就能坚持到底。

> *明确目标*

一个人知道自己要干什么，这是发展坚韧毅力的第一步，也是克服许多困难最大力量之一。目标具体、明确的人容易成功。不要说空洞的话："我打算多进行一些体育锻炼"或"我计划多读一点书"。而应该具体、明确地表示："我打算每天早晨步行45分钟"或"我计划一周中一、三、五的晚上读一个小时的书"。普罗斯教授曾经研究过一组打算从元旦起改变自己行为的实验对象，结果发现最成功的是那些目标最具体、明确的人。其中一名男子决心每天做到对妻子和颜悦色、平等相待。后来，他果真办到了。而另一个人只是笼统地表示要对家里的人更好一些，结果没几天又是老样子，照样吵架。

· **坚定的信念**

人必须要有信念，信念是人行动力量与毅力的源泉。信念的大小，直接影响意志力的大小。如果你下定了决心，非干成什么事或达到什么目的不可，那么你在这件事上，一定有很强的意志力。

· **制定正确的计划**

周详、正确的计划，可鼓舞人们的斗志、培育坚韧的毅力，正确的计划来自经验或仔细的体验、认真的分析。若计划马虎、不认真、不切合实际，往往会破坏人的毅力。实践证明，每一次成功都将会使意志力进一步增强。如果你用顽强的意志克服了一种不良习惯，那么就能获取与另一次挑战决斗并且获胜的信心。每一次成功都能使自信心增加一分，给你在攀登悬崖的艰苦征途上提供一个坚实的立足点。或许面对的新任务更加艰难，但既然以前能成功，这一次也一定会胜利。在锻炼意志力的过程中，由于种种原因有时会出现反复。这时，重要的是要找到暂时失败的原因，重新制订计划，开始锻炼，决不放弃。当然，如果不反复最好，但现实生活中在反复后最终达到目的的人更多。

· **培养情感兴趣**

情感是活动的源泉，冷酷无情的人，不可能有振奋向上的精神、再接再厉的决心。兴趣与人的毅力有很密切的联系。例如，一个对书法有兴趣的人，他能克服很多困难，甚至是挫折，去积极学习书法，研究书法，直到成功，如书法家庞中华就是这样的人。还有的人对文学感兴趣，即使是生活在穷困中，他有毅力克服重重困难，专心于他的写作。

· **正确看待失败、挫折、逆境**

人的一生会遇到很多失败和挫折，可以这么说，再伟大的人，他也遇到过失败和挫折，没有失败和挫折，就不会有人的成功。因此，一个人在事业的追求过程中，不要怕失败，怕遭受挫折，正确看待这些负性的东西，会给自己勇气和信心，从而也有利于毅力的培养。

· **加强自我修养，提高自我认识**

一些消极的意志品质如刚愎自用、优柔寡断、执拗、任性、胆怯，都是由于不能正确认识自己所致。如果一个人过低估计自己，往往会畏缩不前，徘徊不定。而一个人如过高估计自己，经常作出不可能实现的决定，只能到处碰壁，久而久之就会削弱自己的意志。所以，要能够正确地分析自己的意志品质，哪方面薄弱，就在哪方面下功夫。

- **磨炼意志**

在困难中锻炼。温室里的花朵经不起风吹雨打，舒适的环境培养不出坚贞不屈的勇士。只有勇于拼搏、知难而上的人，才能成为有毅力的人。事实证明，愈是困难的、不感兴趣的事情，愈能锻炼人的毅力。因为它要求付出巨大的代价。当然为了取得良好的效果，必须循序渐进，一步一步来，逐渐增加活动的难度。只有适当的、经努力可以克服的困难，才能成为培养毅力的手段。一旦困难过大，人无法克服时就容易悲观失望。这样也就会失去培养的意义，训练就会半途而废。早在1915年，心理学家巴雷特曾经提出一套锻炼意志的方法。其中包括从椅子上起身和坐下30次，把一盒火柴全部倒掉，然后一根一根地装回盒子里。他认为，这些练习可以增强意志力，以便日后去面对更严重更困难的挑战。巴雷特的具体建议似乎有些过时，但他的思路却给人以启发。例如，你可以事先安排星期天上午要干的事情，并下决心不办好就不吃午饭。

- **通过一些具体方法锻炼自己的意志**

> *意志的自我锻炼*

每天都要让自己做一件自己不愿意做的事。只有先做自己不愿意做的事，才有资格做自己愿意做的事。生活中并非每件事都引人入胜，有些事必须打起精神才能做好。把每一件小事做好，做完美。做这件事正是考验和锻炼你意志的好机会，你应当定出目标，强迫自己去做。如按时起床，坚持写日记等。完成这些小事的过程，也就是提高你意志力的过程。只有这样的人才可能把大事做好，做完美。饭前快速读一篇

文章，可以是中文，也可以是英文。因为饥饿、因为别人都在看着你，所以你的阅读速度会非常快。用不了一年的时间，你吸收知识的速度会远远超过别人。每天坚持做一件不求回报的善事。如果你能坚持日行一善，那你的意志会有巨大的提升。自我肯定也非常重要。要经常对自己说：我是一个有意志力的人。我能圆满地完成自己每天的任务，获得应有的成长。我能控制我的情绪和欲望，让它们朝着积极的方向发展。

> *积极参加体育锻炼*

健康的体魄是毅力的基础。一般来说，人有强壮的身体才能有充满青春的活力和火一样的热情，并且显示为坚毅、刚强、自信、耐劳和勇气。而体弱多病才难以胜任艰苦作业的磨炼。因此，人要积极参加体育锻炼，以保证有一个健康而强壮的身体。每项体育运动都能锻炼相应的意志，如跑步、骑车、游泳可锻炼顽强性，跳水、障碍跑、登山可锻炼勇敢和果断性，球类运动可锻炼主动性、独立性，体操、技巧、田径可锻炼坚持性、自我控制力。打球、爬山、游泳、长跑等，不但能增强人的体质，而且活动本身就要求人具有勇敢、顽强、果断、刚毅、吃苦耐劳和自制力等良好的心理品质，因而也是培养人毅力的良好途径。劳动也可锻炼意志。因此你只要经常参加运动和劳动，自然就可锻炼自己的毅力和恒心，从而有助意志的全面提高。

> *意志努力训练*

班主任的工作要求他们的意志行动经常处于意志努力的紧张状态。例如，备课批改作业到深夜，在极度疲倦时需要用内心的意志努力控制自己，继续振作起来坚持工作；当烦躁不安要发火时，需要用意志努力控制自己的行动。对意志努力的心理训练居于有形的自律训练。班主任意志努力训练的基本手段，不是放松性的手段，而是紧张、动员性的手段。这种手段它要求班主任学会主动地使自身肌肉动作、呼吸系统及其他系统处于积极动员状态。这种对机体的激活，在心理训练中称为动员性手段。内心紧张动员的训练，是有意识地用言语暗示自己，使某些肌肉群紧张起来，与此同时闭目在内心里想象肌肉群在活动。在练习紧张性心理训练手段时，为了获得肌肉等器官组织的紧张感觉，应与放松训练对比进行。在学会上述手段后再进行意志努力演练训练。例如在精神疲劳时采用意志努力训练坚持工作。意志努力训练消耗精力较大，因此时间不宜太长，一般应控制在10−15分钟以内。身体虚弱的班主任进行此项训练要控制紧张强度和时间，不要过力，以免产生副作用。

扩展阅读 / 意志力测试 /

测试题

下面A、B卷共26道测试题，请根据你的情况作答。

完全符合你的情况，则选A；比较符合你的情况，则选B；一时难以确定是否符合你的情况，则选C；不大符合你的情况，则选D；完全不符合你的情况，则选E。

A卷

> 你喜爱体育运动，因为这些运动能够增强你的体质和毅力。[A B C D E]

> 你总是很早起床、从不睡懒觉。[A B C D E]

> 你信奉不干则已，干就要干好的格言。[A B C D E]

> 你投入地做一件事，是因为其重要，应该做，而不是因为兴趣。[A B C D E]

> 当工作和娱乐发生冲突的时候，你会放弃娱乐，虽然它很有吸引力。[A B C D E]

> 你下了决心要坚持做下去的事，不论遇到什么困难，你都能持之以恒。[A B C D E]

> 你能长时间做一件非常重要但却无比枯燥的工作。[A B C D E]

> 一旦决定行动，你一定说干就干，决不拖延。[A B C D E]

> 你不喜欢盲从别人的意见和说法，而善于分析、鉴别。[A B C D E]

> 凡事你都喜欢自己拿主意，别人的建议只作参考。[A B C D E]

> *你不怕做没做过的事情，不怕独自负责，你认为那是锻炼机会。[A B C D E]*

> *你和同事、朋友、家人相处，从不无缘无故发脾气。[A B C D E]*

> *你一直希望做一个坚强的、有毅力的人。[A B C D E]*

B卷

> *你给自己订了计划，但常常因为主观原因不能完成计划。[A B C D E]*

> *你的作息时间没什么标准，完全靠一时的兴趣与情绪决定，且常常变化。[A B C D E]*

> *你认为凡事不能太累，做得成就做，做不成就算了。[A B C D E]*

> *有时你临睡前发誓第二天要干一件重要事情，但第二天却又没兴趣干了。[A B C D E]*

> *你常因为读一本妙趣横生的小说或看一个精彩的电视节目而忘记时间。[A B C D E]*

> *如果你工作中遇到了什么困难，首先想到请教别人有什么办法。[A B C D E]*

> *你的爱好广泛而善变，做事情常常因为心血来潮。[A B C D E]*

> *你喜欢先做容易的事情，困难的能拖就拖，不能拖时则马虎应付了事。[A B C D E]*

> *凡是你认为比你能干的人，你都不会太怀疑他们的看法。[A B C D E]*

> *遇到复杂莫测的情况，你常常拿不定主意。[A B C D E]*

> *你生性胆小怕事，没有百分之百把握的事情，你从来不敢做。[A B C D E]*

> *与人发生争执，有时明知自己不对，你却忍不住要刺伤甚至辱骂对方。[A B C D E]*

> *你相信机会的作用大大超过个人的艰苦努力。[A B C D E]*

评论

A卷试题中，A、B、C、D、E依次为5、4、3、2、1分。

B卷试题中，A、B、C、D、E依次为1、2、3、4、5分。

A、B卷得分加起来为总得分。

总得分110分以上，意志力十分坚强；

总得分91~100分，意志力较坚强；

总得分71~90分，意志力一般；

总得分51~70分，意志力比较薄弱；

总得分51分以下，意志力十分薄弱。

妙做情绪主人，拥有幸福快乐

班主任是学校教育教学管理的具体操作者，一天面对的是五六十个活蹦乱跳的学生。在实际工作中经常会遇到一些犯错误的学生，由于他们的思想还未成熟，存在着心理、个性、年龄等方面的差异，因而其错误行为的表现方式也不相同。繁杂、琐碎、重复的工作，也难免会遇到不顺心的事，这些常常使班主任心身疲惫，如不能宽容待之，一时情绪激动，甚至暴跳如雷，大发脾气，这会严重危害自身健康。所以，要做好工作，为了学生，更是为了自己的身心健康，必须控制自己的情绪，做情绪的主人，拥有幸福快乐。

[学会控制情绪]

情绪是人心理活动的一个重要方面，它影响着个体心理健康的发展。人的“七情六欲”与人的身心健康有着十分密切的关系。保持健康的情绪状态可以有益于个体的身心健康，健康的情绪能够加强人际合作、增强信心、提高工作效率。一个好班主任应该保持这种情绪，善于控制情绪，不论有什么不顺心的事也不要拿学生出气，刺伤孩子的自尊心。要用理智来驾驭自己的情感，努力培养自己的健康情绪。

· **保持冷静**

一般来说，班主任在遇到学生犯错误时，往往显出急躁情绪，表现为缺乏细心、耐心和信心。轻则讥讽谩骂，重则罚站罚跑，甚至施以拳脚。殊不知，这样的处理方法，不但会挫伤学生的自尊心，还会恶化师生关系，影响班集体的健康发展。现在的学生多数是独生子女，他们有丰厚的物质基础和较高的“家庭地位”。一部分学生从小就养成一种桀骜不驯、不合群体的个性。遇到学生犯错误时，如采用“硬碰硬”的教育方法，很容易发生冲突，最终使自己下不了台，影响自己在学生中的威信。因而，不妨先保持冷静、沉默，退让三分，克制情绪，暂且先搁置此事不处理，等学生心情平静下来，再找他谈话或让他自己反思检查。用这种冷处理的方法，既能使学生心悦诚服，也能体现教育者的风范。

· **改变对压力的认识**

新课程改革给老师带来压力；专业发展更会给老师带来压力；学生个性的发展更让班主任感到班级管理工作难度的加大而给自己带来压力。但是正因为有这样的压力，我们才能尽可能保住一桶水，尽可能满足还没学会拿筷子，没学会拿笔写字，就玩起了鼠标的新一代孩子们的求知欲。所以从某一方面说，是压力让我们掌握了更多的知识，是压力让我们学会了更多的思考和创新，我们应该感谢压力，这样我们就会感到工作的幸福和快乐。

· **宽容大度**

俗话说：“宰相肚里能撑船”。宽容大度是一种长者风范、智者修养。当你怒气冲天时，切记“人无完人，金无足赤”。或者多想想自己读书时也曾做过蠢事、说过错话，将心比心来提醒自己。也可多想些发怒的害处，借鉴前人的教训，同样会使你的怒气烟消云散。有这样一个宽容大度的班主任，他曾接管一个低年级的老大难。一次课外活动，他带领学生到操场上做游戏。游戏结束后，在回教室的途中，他班的

"小淘气"在他身后指手画脚、做鬼脸，引得其他同学哈哈大笑。当他回过头来，"小淘气"就一本正经；当他继续往前走时，"小淘气"又开始"活动"，引起大家哄笑。这时，他装出若无其事的样子。"小淘气"又做了几下，见班主任没有反应，就自讨没趣地停了下来。当时班主任没有立即批评他，而是在一次思品课上，讲"尊老爱幼"时，他乘机心平气和地指出这样做法是一种不尊重人、不礼貌的行为，使"小淘气"当场脸红，承认了错误，其他同学也受到了教育，收到了良好的教育效果。

· **自我息怒**

一是努力克制。从心理学上说，怒气的产生往往是由于外界的刺激在大脑皮层引起了过度强烈的兴奋，排斥了正常的理智。因此，可在发怒前采用内部语言提示法，如心中默念"一定要冷静"、"不能伤害学生"、"发怒就能解决问题吗？"等暗示语；二是闭口倾听。学生的想法你不赞同，而又不能说服他们时，要闭口倾听，会使学生感到老师对他的观点感兴趣。这样不仅压住了自己的"气头"，而且增强了师生之间的心灵沟通。待风平浪静后再来论理，既可避免双方大伤感情，又能收到理想的效果；三是理性三思。发怒前，先估计一下后果，想一下自己的责任，考虑一下学生的感受，理智地控制自己的情绪，以缓解紧张气氛。四是转移注意。愤怒时，离开使你产生愤怒的场地，听听音乐、散散步，或是参加些体育活动，采用转移环境或注意力的方法平息怒气，待适当的时候，再找学生谈心。

· **自我检讨**

学生犯错误，做班主任的对其大发雷霆或怒斥一通并不能使学生诚恳地接受，有时还会把事情弄僵。在发脾气前，不妨检讨一下自己，或许会收到令人满意的效果。如学生面对你的批评不服气或顶撞时，你就应该检查一下自己的态度和方法。比方说，某同学一贯听话，表现很好，仅一次特殊原因而没做家庭作业，你就劈头盖脸地批评他，伤害了他的自尊心，他当然不会服气。再如，你很关心学生的生活琐事，

可学生不领你的情，对你有不恭之词，这时你不必大动肝火，不妨自我检查一下，这样关心是否多余或言辞上是否有偏激之处。遇事若能自我检讨，“有则改之，无则加勉”，对于正确处理师生关系是大有裨益的。“人非草木，孰能无过？”何况我们面对的是些天真无邪的学生呢？因此，我们在日常教育和管理中对学生的过错不应该恼怒，而应把他们看成幼苗，怀着“孺子可教”的信念教诲他，用“慈母”般的爱心感化他，这样既不伤害学生的自尊，又不损害班主任的身心；既融洽师生关系，又树立师德形象，这两全其美的事何乐而不为呢？

有一句名言：“天空虽有云，但乌云的上面，永远会有太阳的照耀。”班主任应在专业发展的进程中，积极面对自己的工作，能正确认识、缓解、释放、转移工作中的压力，勇于做控制情绪的强者。

身边的故事 /

某中学的心理老师收到了一封学生来信，信中写到：“我害怕我们的班主任，因为她总是爱发火，有时只因为班里一位同学犯了点小错误，班主任就说个没完，害得我们大家跟着耽误时间，在这样的班集体里生活，真体会不到快乐。”

想一想 /

班主任不良的情绪会带来什么样的后果？

分析 /

像这样拿学生当“出气筒”的班主任确实大有人在，日常生活中的不如意、不顺心，以及工作的压力，使班主任的烦恼无处发泄和难以倾诉，于是他们把各种不良情绪带到班里，这种不健康的情绪会让处于生长发育期，易犯错误的学生受到直接伤害。对学生的数落、讽刺，不但会让学生受到心灵的创伤，而且更是降低了班主任的威信。老师的发火带来的是学生情感受到压抑，胆小的孩子会产生强烈的自卑感，终日谨小慎微，夹着尾巴做人，在同伴、老师、父母面前不敢多说，生怕惹是生非招来横祸，失去了应有的自尊和勇气；胆大的孩子则会产生不满，表现出一种“誓死不屈”的劲头，与老师形成对立面，甚至采取极端的对抗行为，来维护自己的自尊心。有的孩子还会用不良的怀疑与仇视的心态对待周围的人。久之孩子的心理健康及智力发展也会受到严重影响。所以，班主任在教育学生问题上，要克服心急、心切的心理，注意控制自己的不良情绪，采取正确的方法与学生进行沟通，从而达到预想的教育效果。

[学会调适情绪]

情绪与人的心理状态、工作效率、人际关系、身体健康、生命质量等密切相关。积极、乐观、平稳的情绪会提高我们生活和工作的质量；愤怒、悲哀、紧张情绪对学生会产生负面影响。而情绪调适是个体对自身情绪状态的主动影响。这里我们谈的是班主任在学生面前应控制自己的消极情绪，不把“火”带进教室，更不要发泄在学生身上。这就要求班务繁重的班主任在与学生的交往过程中，要善于调适情绪，将自己的教育行为科学化，艺术化。班主任琐事多，突如其来的事件和“屡教不改者”的事件等等，事事皆管，班主任触景生“情”，刺激了他们的情绪，“火气旺升”。那么，怎样调适情绪呢？下面的这些方法将有助于您调适自己的情绪。

· 制怒法

做情绪的主人。当喜则喜，当悲则悲。在遇到发怒的情境时，先在口腔里绕舌头十圈，并行三思：一思发怒有无道理？二思发怒有何后果？三思有其他方式替代吗？这样就可以制怒，使自己变得冷静而情绪稳定。

· 回避法

处在剧烈情绪状态时，暂离开激起情绪的环境和有关人、物。当人陷入心理困境

时，最先也是最容易采取的便是回避法。躲开、不接触导致心理困境的外部刺激。在心理困境中，人的大脑往往形成一个较强的兴奋中心，回避了相关的外部刺激，可以使这个兴奋灶让位给其他刺激引起的新的兴奋中心。兴奋中心转移了，也就摆脱了心理困境。"耳不听心不烦"，正是说的这一道理。比如，家里的琐事使您"勃然火起"或"郁闷不乐"，就到单位上班；身患绝症者不妨去医院看望垂危病人；面对一份无望恋情的深深困扰，以一种大智大勇来逃避，这都是有效的心理自救，也是客观回避法。此外，还可采取主观回避法，即通过主观来强化人的本能的潜在机制，努力忘掉，或压抑自己不愉快的经历。在主观上实现兴奋中心的转移，注意力转移是最简便易行的一种主观回避法。在您痛苦愁闷的时候，集中精力去做一件有意义的事，自然就回避了心理困境。当人被某些不良情绪所困扰，处于情绪的低谷时，暂时撇开或回避这些导致不良情绪的事和环境，从苦闷中解脱出手，将注意力转移到其他感兴趣的、积极有益的活动中去，以保持愉快的心境。

· **宣泄法**

情绪得不到适当的宣泄，就会日积月累，造成身心紧张状态直到致病。可以采用自我宣泄和他助宣泄的方法来疏导过量的激情和调节情绪。有心理调查结果显示，经过宣泄之后，人的情绪会渐趋稳定。因此，如果一个有不愉快的事情及委屈，不要压在心里，而要通过合理的宣泄来帮助排遣不良情绪。

· **转视法**

并不是任何客观现实都可以逃避。有时候，同一现实或情境，如果从一个角度来看，可能引起消极的情绪体验，陷入心理困境；而从另一个角度来看，就可以发现积极意义，从而使消极情绪转化为积极情绪。相传一位老太太有两个儿子：大儿子卖伞，二儿子晒盐。为两个儿子，老太太差不多天天愁。愁什么？每逢晴天，老太太念叨：这大晴天，伞可不好卖哟。于是为大儿子愁。每逢阴天，老太太嘀咕：这阴天下雨的，盐可咋晒？于是又为二儿子愁。老太太愁来愁去，日见憔悴，终于成疾。两个儿子不知道如何是好。幸一智者献策："晴天好晒盐，您该为二儿子高兴；阴天好卖伞，您该为大儿子高兴。这么转换个看法，就没愁发喽！"这么一来，老太太果然变愁苦为欢乐，心宽体健起来。看来，在审视、思考、评价某一客观现实情境时，学会转换视角，换个角度看问题，常会使人感到痛苦不堪的心理困境化为乌有。

· **愉悦法**

努力增加积极情绪。具体方法有三：一是多交友，在群体交往中取乐；二是多立小目标或将大目标划分为多个小目标。小目标易实现，每一小目标的实现都能带来愉悦的满足感；三是学习辩证思维，万事都有两面，好事可变坏事，坏事可变好事，如"塞翁失马，焉知非福"、"破财消灾"、"失恋比婚后离婚好"等，辩证思维可以使人从容地对待挫折和失败，因而可避免消极情绪。

· **放松法**

当心情不佳时，可以放松全身或是静坐，自我催眠，自我按摩，使自己进入放松状态，然后面带微笑，想象曾经经历过的愉快情境，从而消除不良情绪，获得积极情绪。

· **幽默法**

常笑多幽默。有心理学家认为，人不是因为高兴才笑，而是因为笑才高兴；不是因为悲伤而哭，而是因为哭才悲伤。生活中要多笑勿愁，"笑一笑，十年少，愁一愁，白了头"。另外，笑还有较好的生理作用，如吸氧量增加、按摩心脏、松弛肌肉、降低基础代谢等。幽默是不良情绪的消毒剂和润滑剂，学会幽默可以减少不良情绪。幽默对解脱心理困境是极有助益的自救策略之一。据说，大哲学家苏格拉底有一位脾气特暴的太太。一天，苏格拉底正与客人谈话，太太突然跑进来大闹，并随手把脸盆中的水泼到苏格拉底身上。局面何其尴尬？这对一个稍有血性的男子汉来讲都是无法忍受的，苏格拉底却笑了一笑，说："我早知道，打雷之后，一定会有大雨。"一言解窘，他妻子

也禁不住笑出声来。英国首相威尔森在一次演说进行一半时，台下有人大喊："狗屎！垃圾！"这分明是指责他演讲的内容。但威尔森这位干练的政治家却微笑以对装糊涂："狗屎？垃圾！公共卫生？各位先生，我马上就要谈这个社会问题。"就这样，他不仅没陷入困境，反倒赢得一片喝彩。笑是精神消毒剂，幽默是走出心理困境的阶梯。当事业和生活受到挫折时，当交际出现僵局时，幽默的行为，幽默的语言，常常能使困境和窘迫转为轻松和自然，从而使精神紧张得到放松，和缓气氛，释放情绪，减轻焦虑，摆脱困境。

· **宽慰法**

伊索寓言说，一只狐狸吃不到葡萄，就说葡萄是酸的；只能得到柠檬，就说柠檬是甜的，于是便不感到苦恼。心理学便借用来，把以某种"合理化"的理由来解释事实，变恶性刺激为良性刺激，以求心理自我安慰的现象，称为"酸葡萄与甜柠檬"心理。不错，在自慰时所谓的理由不过是"自圆其说"，但确有维护心理平衡，实现心理自救之效。单位里评职称，不能每人一份，为此茶饭不思也太不值得了，这次评不上还有下次，再说，没有职称也一样称职，有实实在在的业绩就不掉价，何必为个虚名玩命？恋人分手，也好，跟这样无情无义的人成婚，说不定要倒大霉，早跟她"拜拜"，岂不是免去后患？两百块钱丢了，就当年终奖没发，何况"去财免灾"，全家平安还不是大福？这不是"精神胜利法"吗？正是。精神胜利法不该被瞧扁了，有些不如意的事情摆在那里，如若能改变，当然该向好处努力，如若已成定局，无法挽回，就该宽慰自己、接纳自己、承认现实，这比垂头丧气、痛不欲生不知要好上多少倍。

· **转移法**

当火气上涌时，有意识地转移话题或做点别的事情来分散注意力，便可使情绪得到缓解。在余怒未消时，可以用看电影、听音乐、下棋、散步等有意义的轻松活动，使紧张情绪松驰下来。

· **助人法**

学雷锋做好事，做他人的快乐之源，既可以给他人带来快乐，也会使自己心安理得，心境坦然，具有较好的安全感。反之，常做坏事的人，则整天提心吊胆，心理紧张，不得安宁。

[妙做情绪主人]

美国心理学家艾利斯提出了著名的情绪产生的理论ABC理论。在ABC理论模式中，A是指诱发性事件；B是指个体在遇到诱发事件之后相应而生的信念，即他对这一事件的看法、解释和评价；C是指特定情景下，个体的情绪及行为结果。通常人们认为，人的情绪的行为反应是直接由诱发性事件A引起的，即A引起了C。ABC理论指出，诱发性事件A只是引起情绪及行为反应的间接原因，而人们对诱发性事件所持的信念、看法、理解B，才是引起人的情绪及行为反应的更直接的原因。人们的情绪及行为反应与人们对事物的想法、看法有关。情绪是由人的思维、人的信念所引起的，因而，每个人都要对自己的情绪负责。例如：张三和李四两个同事一起上街，碰到他们的总经理，但对方没有与他们招呼，径直过去了。张三是这样认为的："他可能正在想别的事情，没有注意到我们。即使是看到我们而没理睬，也可能有什么特殊的原因。"而李四却产生了不同的想法："是不是上次顶撞了老总一句，他就故意不理我了，下一步可能就要故意找我的岔子了。"两种不同的想法就会导致两种不同的情绪和行为反应。前者可能觉得无所谓；而后者可能忧心忡忡，以致无法平静下来干好自己的工作。从这个简单的例子中可以看出，人的情绪及行为反应与人们对事物的想法、看法有直接的关系。因此，我们应该首先学会识别不合理的想法，也就是不合理的信念。然后与不合理信念做辩论，建立合理的信念，做自己情绪的主人。

· **识别不合理的信念**

韦斯勒等人经过归纳研究，总结出了不合理信念的三个特征：

> *绝对化要求*

绝对化要求是指人们以自己的意愿为出发点，对某一事物怀有认为其必定会发生或不会发生的信念，它通常与“必须”，“应该”这类字眼连在一起。比如：“我必须获得成功”，“我对他好，他必须对我好”，“生活应该是很容易的”，“我工作这么多年，没有功劳也有苦劳，学校必须照顾我”等。怀有这样信念的人极易陷入情绪困扰中，因为客观事物的发生、发展都有其规律，是不以人的意志为转移的。就某个具体的人来说，他不可能在每一件事情上都获得成功；而对于某个个体来说，他周围的人和事物的表现和发展也不可能以他的意志为转移。因此，当某些事物的发生与其对事物的绝对化要求相悖时，他们就会受不了，感到难以接受、难以适应并陷入情绪困扰。

> *过分概括化*

过分概括化是一种以偏概全、以一概十的不合理思维方式的表现。艾利斯曾说过，过分概括化是不合逻辑的，就好像以一本书的封面来判定其内容的好坏一样。过分概括化的一个方面是人们对其自身的不合理的评价。如当面对失败就是极坏的结果时，往往会认为自己“一无是处”、“一钱不值”、是“废物”等。以自己做的某一件事或某几件事的结果来评价自己整个人、评价自己作为人的价值，其结果常常会导致自责自罪、自卑自弃的心理及焦虑和抑郁情绪的产生。过分概括化的另一个方面是对他人的不合理评价，即别人稍有差错就认为他很坏、一无是处等，这会导致一味地责备他人，以致产生敌意和愤怒等情绪。按照艾利斯的观点来看，以一件事的成败来评价整个人，这无异于一种理智上的法西斯主义。

> *糟糕至极*

这是一种认为如果一件不好的事发生了，将是非常可怕、非常糟糕，甚至是一场灾难的想法。这将导致个体陷入极端不良的情绪体验如耻辱、自责自罪、焦虑、悲观、抑郁的恶性循环之中，而难以自拔。糟糕就是不好、坏事的意思。当一个人讲什么事情都糟透了、糟极了的时候，对他来说往往意味着碰到的是最最坏的事情，是一种灭顶之灾。艾利斯指出这是一种不合理的信念，因为对任何一件事情来说，都有可能发生比之更好的情形，没有任何一件事情可以定义为是百分之百糟透了的。当一个人沿着这条思路想下去，认为遇到了百分之百的糟糕的事或比百分之百还糟的事情时，他就是把自己引向了极端的不良情绪状态之中。糟糕至极常常是与人们对自己、对他人及对周围环境的绝对化要求相联系而出现的，即在人们的绝对化要求中认为的“必须”和“应该”的事情并非像他们所想的那样发生时，他们就会感到无法接受这种现实，因而就会走向极端，认为事情已经糟到了极点。

在人们不合理的信念中，往往都可以找到上述3种特征。每个人都会或多或少地具有不合理的思维与信念，而那些严重情绪障碍的人，这种不合理思维的倾向尤为明显。情绪障碍一旦形成，往往是难以自拔的，此时就极需进行治疗。因此，为了避免情绪障碍，在生活中可以做情绪的主人，就需要将不合理的信念及时合理化。

- **自我辩论，用合理信念取代不合理信念**

合理的认知是心理健康的基础，错误的认知是导致心理障碍的最重要原因之一。对于班主任来说，不合理认知不仅影响自己的心理健康，而且必然导致教育行为上的偏差，进而影响学生的心理健康。所以，班主任应该及时发现自己的不合理的信念，与之进行辩论，用合理信念取代不合理信念。下面通过一个具体事例说明辩论的方法。

A.事件：班里有些学生学习不认真，老是拖欠作业，午间或放学留在办公室里做

作业，可是老师一走开又不做了，又开始玩了。所以成绩老是不理想，拖后腿。

B.情绪或行为反应：苦恼、生气、不平、焦虑、暗自神伤，失眠、吃不下饭，对学生常恐吓，偶有体罚。

C.不合理的认识、观念：每个学生都必须学好功课，不好好学又屡教不改的学生真是朽木不可雕。这么不听话，把老师的话当耳边风，这是对教师的挑衅和蔑视。自己班里的后进生特别多，也特别差，这太公平了，我怎么这么倒霉！自己辛辛苦苦工作，学生不配合，考试成绩拖后腿，家长和领导还以为我无能，影响自己的声誉又影响自己的考核成绩。自己为教育这些后进生付出了这么多心血，成效却不大，我太没用了，真是一文不值。

D.自我辩论：

> 克服绝对化倾向

学生确实应该认真学习按时完成作业，但是十个指头有长短，孩子是有个别差异的，我们不可能要求每一个学生都学得一样好。

> 克服要求绝对公平的思想

每个班都有不肯做作业的学生，有成绩落后的学生，并不是我班独有的现象，公平是相对的，在现实生活中很难做到绝对公平，自己班的后进生比较多，但这不是领导故意造成的，要是把这些学生调到别的班里，对其他同事来说岂不也一样不公平？

> 设身处地，换位思考

学生不做作业可能是不懂，也可能是贪玩，不是故意跟自己过不去。要是因为没听懂，自己的教育也许存在问题，自己也有责任；要是因为贪玩，那么爱玩是孩子的天性，要是他们也能像大人那样有自制力，就不称其为孩子了。况且学生也是挺苦挺累的，他们承受的课业负担比我们那时重多了，他们玩耍和童趣又实在太少，也是值得同情的。

> *克服以偏概全*

其实学习不认真的学生也有许多优点，比如爱好体育，劳动积极，乐于助人，讲义气等。不能否定他们的一切，不能用有色眼镜看他们。

> *自我效能感*

自己在后进学生的转化上做了大量工作，虽效果不显著，但也不是一无所获，有几个不是有了明显进步了吗？

> *克服"糟糕透顶"*

即使这项工作不能令人满意，自己也不是一文不值，有的方面做得挺好，曾受到领导的表扬，因此自己还是有价值的。

> *克服完美主义倾向*

即使转化后进生无效，已尽到自己努力了，可考虑适当降低对这几个学生的作业要求。

E：新的合理的信念取代旧的不合理的信念

心理恢复平衡，能宽容地看待后进生的违纪行为和成绩不良，焦虑、苦恼、愤怒、不平等不良情绪有所缓解，心情舒畅多了，师生关系也好多了。

由此可见，对同一件事，不同的人会有不同的主观认识，不同的主观认识会产生不同的情绪体验，在你的内心唤起的是幸福感还是痛苦感，全在于你对这件事情怎么看。苦和乐是相对的，都是对生活的一种感受，快乐不快乐全在于自己，就看你有没有正确合理的思维方式。从这个角度来说，幸福不幸福全在于自己。

扩展阅读 ／ *冥想训练治疗法* ／

冥想是缓解压力的一种有效方法，冥想具有训练注意力、控制思维过程、提高处理情绪的能力和放松身体的作用。只要坚持练习、运用得当，冥想是应对压力、忧郁、烦恼以

及其他不良心理和情绪问题的最有帮助的方法之一。

开始使大脑思维缓慢下来，想象自己的大脑是一个大的透明的玻璃罐，你可以看到头脑中发生的任何事情。现在想象你的每一种思想都是一个彩色的大理石，它们在玻璃罐子里滚动，里面有许多种颜色，令你眼花缭乱。慢慢地使这些大理石完全停止下来，它们一个个缓慢停下来，最后全部停在罐子的底部。罐子中盛满了各种颜色的大理石：红的、橙色的、黄的、绿的、蓝的、紫色的、白的、黑的，还有其他所有的颜色。然后一个一个从罐子里把大理石拿出来，把它放在罐子旁边的篮子里。从最上面的开始，拿出来一个，又拿出一个，罐子里的石头越来越少，最后一个也被拿出来了，罐子空了，看看旁边的篮子。篮子里的大理石慢慢开始融合在一起……它们形成了一个非常美丽的彩虹，上面有各种各样的彩条，你把这些颜色混合在一起，然后想象罐子旁边有一条小溪，你把这些颜料倒在这条小溪里，包围着彩虹的颜料消失了。再看看这个罐子：罐子是空的，非常安宁，非常平静。

参考文献：

[1] 张万祥.给年轻班主任的建议[M].华东师范大学出版社,2006.3.

[2] 傅宏,班华,刘明.班级心理健康教育理论与操作[M].南京师范大学出版社,2007.2.

[3] 万玮.班主任兵法2：实战篇[M].长江文艺出版社,2008.1.

[4] 周晓静,许立新.中学班主任[M].南京师范大学出版社,2008.12.

[5] 万玮.班主任兵法[M].华东师范大学出版社,2009.6.

[6] 万玮.班主任兵法3——震撼教育36计[M].教育科学出版社,2010.6.

[7] 赵坡.班主任如何说话[M].华东师范大学出版社,2010.6.

[8] 郑学志.做一个会“偷懒”的班主任[M].中国轻工业出版社,2011.2.

[9] 魏书生.班主任工作漫谈[M].文化艺术出版社,2011.5.

[10] 迟希新,代贝.优秀班主任九项修炼[M].中国人民大学出版社,2012.3.

[11] 刘雪飞.教育学博士写给中学班主任的信[M].中国人民大学出版社,2012.3.

[12] 陈海英.普通中学班主任心理健康教育方法探究[J].文教资料,2007(13).

[13] 车广吉.试析中学班主任的心理素质结构[J].中小学教师培训,2007.7.

[14] 廖传景.中学校长身心健康与工作倦怠的差异及相关研究[J].现代教育科学,2008.8.

[15] 廖传景.中学校长身心健康及其影响与保护性因素[J].心理科学,2009.11.

[16] 陈文香.浅谈初中生自我教育[J].学习方法报教研周刊.2011.3.

[17] 万永忠.浅谈班级目标的制定与作用[J].中国教育文摘.2011.4.